限定正社員
制度導入ガイドブック
無期契約への転換対応から戦略的活用術まで

みらいコンサルティンググループ［編］

同文舘出版

はしがき

　「働き方改革」。新聞やニュースでは毎日のように取り上げられ、特に経営や人事に携わる方においては、目にしない日はないのではないでしょうか。

　今や、どの会社も働き方改革への取組みは待ったなしです。働き方改革が実現しなければ、その代償は「過労死問題」等の大きなリスクを抱えるだけでなく、身近な問題として「社員の退職が続く」「新規採用で他社に負ける」といった現象がじわじわと起こり、「業務を行うための必要な人員が確保できない」状態となり、その結果、会社経営に深刻な影響を与えることも想定されます。

　一方で、日本の人口構造も深刻な問題です。生産年齢人口（15歳～64歳）で見ると、30年ほど前は70％近くまであったものの、高齢者の増加により近年は60％近くまで下がっています。18歳人口という観点でも、30年ほど前は200万人近くいましたが、近年では120万人弱であり、今後はさらにその減少の加速が明らかで、10年後には100万人近くにまで減少すると言われています。若手の採用という点では大手企業に集中し、中堅中小企業ではその確保は年々難しくなるでしょう。さらに都市部に人口集中が加速すると考えると、地方での若手採用は非常に厳しくなると言わざるを得ません。

　このように、「社員の働き方」を整備しなければビジネスそのものが行なえない、それでいて、業務を行う「ヒト」を確保するハードルは年々上がっていく、そんな時代に既に突入しているのです。

　例えば飲食業であれば、社員やパート・アルバイトが辞め、かつ補充採用ができないために少ない人材で対応せざるを得ないというケースを想像してみてください。店の中を見ると席はいくつか空いているのに、外にはお客さまが列をなしている。しかし人が足りないのでご案内もできない。お客さまから見れば、我慢して長時間待った結果、中に通されても社員がバタバタせわしくなく動いている…。せっかくの外食機会にこのような対応をされては、

どれだけ料理が魅力的であっても、その会社の将来は誰もが想像できるのではないでしょうか。

　これらの問題を解決する1つの会社側の選択肢として「限定正社員」という仕組みを紹介したく、本書を出版いたしました。限定正社員とは、いわゆる正社員と比べ勤務地や時間、仕事の内容などの範囲が限定（制限）されている正社員のことを指します。限定正社員という枠組みを自社に導入することによって、「辞めざるを得なかった社員が辞めなくなる」「そもそも採用できなかった層を採用することができるようになる」といった効果が見込まれます。
　限定正社員制度は、早く導入した会社であればあるほど優秀な社員や若手を確保できるという利益を得られる仕組みです。そして、どの会社も遅かれ早かれ導入することになる制度とも言えます。
　また、社会全体という観点においても、多様な正社員の仕組みを多くの会社が導入することは、女性活躍・出生率の向上・介護離職減少・失業率の改善等、多くのメリットを生むともいえます。

　本書は、すべての経営者や経営幹部、人事担当者など「社員」に携わるさまざまな方に手にとっていただければと思います。
　私たち「みらいコンサルティンググループ」の使命は、常にお客さまと同じ視点に立ち、お客さまの真の成長をサポートすることです。本書を通じて、1社でも多くの会社が、人材活用による事業発展という目的実現の一助になることを切に願っております。

2017年3月
みらいコンサルティンググループ

目 次

第1章 限定正社員制度に対するニーズの高まり

第1節 限定正社員とは ―――――――――――――――――― 001
1. 限定正社員とはどのようなものか　001
2. 限定の内容と多様な働き方　003

第2節 なぜ今、限定正社員制度が注目されるのか ―――――― 004
1. 限定正社員制度を取り巻く背景　004
2. 限定正社員制度の現状　007

第3節 限定正社員制度導入・運用の具体的ニーズ ――――――― 008
1. 限定正社員制度導入の目的　008
2. 限定正社員制度の主なメリット・デメリット　010

第4節 限定正社員制度に影響する有期労働契約社員等に関する主な法改正 ―――――――――――――――――――― 013
1. 改正労働契約法の概要と対応のポイント　013
2. 改正パートタイム労働法の概要と対応のポイント　018
3. 短時間労働者に対する社会保険の適用拡大の概要と対応のポイント　020

第2章 限定正社員制度の活用

第1節 社員の多様性への活用 ─── 025
1. 雇用形態の多様化　025
2. 会社のメリット　026
3. 社員のメリット　028
4. 限定正社員の活用ケース　029

第2節 非正規社員のモチベーション向上への活用 ─── 031
1. 非正規社員を取り巻く環境と課題　031
2. 勤務地や勤務時間、職務を限定した社員の実情に合わせた働き方　032

第3節 無期労働契約転換への対策としての活用 ─── 036
1. 無期労働契約転換によりどのような影響があるのか　036
2. 勤務地や勤務時間等を限定した社員の実情に合わせた働き方　036

第4節 育児をする社員への活用 ─── 038
1. 育児をする社員を取り巻く環境と課題　038
2. 勤務地や勤務時間等を限定した社員の実情に合わせた働き方　040

第5節 介護をする社員への活用 ─── 043
1. 仕事と介護の両立に関する課題　043
2. 介護離職を防ぐためのポイント　045
3. 介護をする社員への活用事例　046

第6節　高年齢者雇用への活用 ── 048

1. 高年齢者の就業を取り巻く環境と課題　048
2. 勤務地を限定した社員の事情に合わせた働き方　051
3. 勤務時間を限定した社員の事情に合わせた働き方　052
4. 高年齢者雇用への活用事例　052

第7節　女性の活躍支援への活用 ── 054

1. 女性の活躍推進の必要性　054
2. 女性が活躍する就業環境作りのポイント　056
3. 女性活躍への活用事例　056

第8節　人材採用戦略への活用 ── 059

1. 昨今の採用市況と各社が抱える課題　059
2. 限定正社員を想定した採用ターゲットの拡大　060
3. 求職者に対するメッセージの打ち出し方のポイント　061
4. 新卒採用の事例　062
5. 中途採用の事例　063

第3章　制度設計前の準備・基本制度の設計

第1節　制度設計のフロー ── 065

1. 制度設計者（チーム）の役割　065
2. 制度設計着手前の注意点　066
3. 制度設計の全体像　069
4. 事前準備フェーズ　070

- 5 設計フェーズ 072
- 6 導入準備フェーズ 074

第2節 現状分析 ——— 075

- 1 現状分析の実施目的 075
- 2 事前に共有した「制度導入目的」の裏付け 076
- 3 現状分析の実施 077
- 4 他社事例の収集 082

第3節 制度導入の目的明確化 ——— 083

- 1 現状分析の結果検証 083
- 2 目的の明確化 083

第4節 コース・等級制度の設計 ——— 086

- 1 限定正社員制度導入に伴うコース設計の考え方 086
- 2 複数の限定正社員パターンに対応したコース設計の考え方 089
- 3 勤務地限定正社員コースの検討事例 091
- 4 勤務時間限定正社員コースの検討事例 093
- 5 職務限定正社員コースの検討事例 094
- 6 勤務地限定正社員に対応した等級制度 096
- 7 勤務時間限定正社員に対応した等級制度 097
- 8 職務限定正社員に対応した等級制度 098
- 9 勤務地限定正社員についてのコース転換ルール 099
- 10 勤務時間時間限定正社員のコース転換ルール 101
- 11 職務限定正社員のコース転換ルール 101

第5節 評価制度の設計 ———————————————————— 102

1. 限定正社員制度導入に伴う評価制度の考え方　102
2. 目標管理を行う際のポイント　105
3. 勤務地限定正社員に対応した評価制度　108
4. 勤務時間限定正社員に対応した評価制度　109
5. 職務限定正社員に対応した評価制度　110

第4章　給与・賞与・退職金制度の設計

第1節 限定正社員給与制度の全体像（報酬格差のあり方）——— 113

1. 人材マネジメント上の視点による整理　113
2. 報酬格差の大小別メリット面・デメリット面　114
3. 報酬格差設定の実態（限定正社員のパターン別）　115
4. 報酬項目ごとの報酬格差設定の考え方（基本給・諸手当・賞与）　116

第2節 勤務地限定正社員の給与制度概要 ———————————— 117

1. 給与制度設計の基本的考え方　117
2. 給与制度設計のポイント　119
3. 地域別報酬水準区分を設定する場合の考え方　121

第3節 勤務時間限定正社員の給与制度概要 ———————————— 122

1. 給与制度設計の基本的考え方　122
2. 給与制度設計のポイント　123

第4節　職務限定正社員の給与制度概要 ── 126
- 1　給与制度設計の基本的考え方　126
- 2　給与制度設計のポイント　128

第5節　給与制度設計上の留意事項 ── 129

第6節　賞与制度設計上の留意点 ── 131
- 1　賞与制度の種類　131
- 2　賞与制度の4つの方式　131
- 3　給与連動方式を採用している場合の留意点　132
- 4　別テーブル方式を採用している場合の留意点　133
- 5　ポイント制方式を採用している場合の留意点　133
- 6　裁量方式を採用している場合の留意点　134

第7節　退職金制度の設計 ── 134
- 1　勤務地限定正社員に対応した退職金制度　134
- 2　勤務時間限定正社員に対応した退職金制度　137
- 3　職務限定正社員に対応した退職金制度　137

第5章　就業制度・育成制度の設計

第1節　勤務地・勤務時間・職務を限定した就業制度設計のポイント ── 139
- 1　設計に当たっての留意事項　139

第2節 勤務地限定正社員の就業制度 ——— 143

1. 適用する社員の範囲　144
2. 勤務地限定正社員への転換制度　145
3. 転換制度および限定内容の明示　146
4. 就業規則の規定例　148
5. 労働契約の終了　149

第3節 勤務時間限定正社員の就業制度 ——— 149

1. 適用する社員の範囲　150
2. 勤務時間限定正社員への転換制度　151
3. 転換制度および限定内容の明示　153
4. 就業規則の規定例　153

第4節 職務限定正社員の就業制度 ——— 155

1. 適用する社員の範囲　156
2. 職務限定正社員への転換制度　157
3. 転換制度および限定内容の明示　157
4. 就業規則の規定例　158
5. 労働契約の終了　159

第5節 限定正社員就業制度の設計・導入のケース ——— 161

第6節 育成制度の設計 ——— 167

1. 育成体系・キャリア構築の全体像　167
2. 限定正社員のパターンごとの検討　167
3. 勤務地限定正社員に対応した育成制度　168

- 4 勤務時間限定正社員に対応した育成制度　169
- 5 職務限定正社員に対応した育成制度　170

第6章　制度移行・運用の注意点

第1節　制度移行時の留意点 ——— 173

- 1 意思確認をしっかり取り、記録に残すこと　173
- 2 運用ルールをいつでも誰でも確認・閲覧できるように就業規則等に明記しておくこと　175

第2節　制度運用時の留意点 ——— 179

- 1 コース転換要件の設定ポイント　179
- 2 コース転換に関する就業規則等の規定例　180
- 3 その他転換制度設計上の留意点　184

巻末　限定正社員制度に関連する助成金情報

- 1 キャリアアップ助成金の概要　187
- 2 正社員化コース　188
- 3 人材育成コース　189
- 4 処遇改善コース　191

【参考文献】　194

限定正社員制度導入ガイドブック
―無期契約への転換対応から戦略的活用術まで―

第1章
限定正社員制度に対する ニーズの高まり

第1節 限定正社員とは

1 限定正社員とはどのようなものか

　限定正社員とは、いわゆる従来の社員（無限定正社員）と比べ、配置転換や転勤、勤務時間や仕事内容などの範囲が限定されている正社員のことを指します。

　無限定正社員とは、「正社員」という呼称で雇用され、労働契約の期間の定めがなく、直接雇用である者であって、さらに、会社の指示による転勤、職務の変更の可能性もあり、所定労働時間はフルタイム（残業もあり）であることを前提としていました。またパート、アルバイト、派遣社員、契約社員といった非正規雇用の労働者（以下「非正規社員」と言う）と区別しているケースが一般的でした。

　正社員と非正規社員との二極化という言葉が使われるようになって久しくなりました。勤務地や勤務時間、職務の制限がない正社員か、雇用の安定性には欠けており処遇の低い非正規社員か、大きく分けて2つの働き方、働かせ方しか選ぶ選択肢がないというものです。そして、社員・会社の双方の立場において、従来の無限定正社員と非正規社員のモデルのみの運用では、時代にマッチしないことが多くなってきました。

　昨今、雇用区分について、このような無限定正社員と非正規社員の二極化

ではなく、勤務地、勤務時間または職務を限定した"限定正社員"として、社員の多様な働き方に対するニーズと会社の優秀な人材の確保と定着に対するニーズの両方を考慮した多様な正社員制度の導入があらためて注目されています。

　限定正社員は、期間の定めがない労働契約という点では、無限定正社員と同様の雇用形態ですが、勤務地、勤務時間の長さ、職務の内容に限定があることにおいては、非正規社員と共通点があります。そういう意味では、限定正社員は、無限定正社員と非正規社員との中間的な存在であるとも言えます。限定正社員は、非正規社員と比較した場合に待遇や雇用の安定性の向上、無限定正社員と比較した場合にワーク・ライフ・バランス等の観点から多様な働き方を実現させることができる雇用形態として期待されています。

　ただし、従来の無限定正社員について、無限定である旨の前提は各社で相違する可能性があるため、ご留意ください。例えば、無限定正社員であっても、事実上で転勤が生じていない会社の場合には、あらためて勤務地限定正

図表1-1 ■ 雇用区分上での限定正社員の比較イメージ

雇用区分	無限定正社員	限定正社員	非正規社員
雇用期間	無　期	無　期	有　期
労働条件 （勤務地、勤務時間、職務等）	限定なし	（いずれか、または複数に）限定あり	限定あり
処　遇	高		低
雇用保障	高		低
働き方の拘束性	高		低

社員を設計することはできません。

2 限定の内容と多様な働き方

　限定正社員の限定の内容は、主に勤務地、勤務時間、職務の３つが考えられます。また、限定の内容を組み合わせることで、会社の実情に応じてより多様な働き方への活用が可能です。

　限定正社員制度を効果的に活用できるケースとして、以下のような働き方への対応が期待できます。

① 　育児、介護等の事情により転勤や長時間労働等が困難である働き方
　　⇒　勤務地限定正社員、　勤務時間限定正社員
② 　地域のニーズにあったサービスの提供や地元に定着した就業を希望する働き方⇒　勤務地限定正社員
③ 　今の仕事内容は継続したいが、待遇や雇用の安定性の向上のために非正規社員からの転換を目指す働き方
　　⇒　勤務地限定正社員、　勤務時間限定正社員、　職務限定正社員
④ 　定型的な事務等を行う"一般職"よりも職務の幅を広げ、キャリア

図表１-２ ■ 限定正社員の主な分類

勤務地限定正社員	転勤するエリアが限定されていたり、転居を伴う転勤がなかったり、あるいは転勤が一切ない正社員
勤務時間限定正社員	所定勤務時間がフルタイムではない、あるいは残業が免除されている正社員
職務限定正社員	担当する職務内容や仕事の範囲が他の業務と明確に区分され、限定されている正社員
無限定正社員	勤務地、勤務時間、職務のいずれも限定されていない正社員

出所：厚生労働省「勤務地などを限定した「多様な正社員」の円滑な導入・運用に向けて」を一部修正

アップの機会が設けられた働き方
⇒ 職務限定正社員
⑤ 職務を高度な専門分野に限定して、特定の業務を専門とするプロフェッショナル人材としての働き方⇒ 職務限定正社員
⑥ キャリアアップに必要な能力を習得する際に、自己啓発のための時間を確保できる働き方⇒ 勤務地限定正社員 、 勤務時間限定正社員

従来型の無限定正社員か、非正規社員かという両極の働き方だけでなく、自社における社員ニーズや事業特性を踏まえて、上述のように働き方を分類して、限定正社員制度として複数の働き方を提示することができ、人材の確保・定着を図る上で有用な手段となります。

第2節
なぜ今、限定正社員制度が注目されるのか

1 限定正社員制度を取り巻く背景

限定正社員制度が注目される背景の1つとしては、非正規社員の著しい増加が挙げられます。総務省統計局の「労働力調査」によると、パート、アルバイト、派遣社員、契約社員等の非正規社員は、1994（平成6）年には20.3％であったものが、2016（平成28）年には37.5％となっており、正社員と非正規社員の二極化が進んでいます。また、非正規社員についた理由が正社員の仕事がないからという、いわゆる不本意型非正規社員の割合は、2016（平成28）年の同調査により男女計で15.6％ですが、男性では24.8％となっています。非正規社員に対する雇用対策が重要な政策課題の1つとして取り上げられるようになり、その具体策として限定正社員の普及が取り上げられるよう

図表1-3 ■ 正規雇用と非正規雇用の労働者の推移

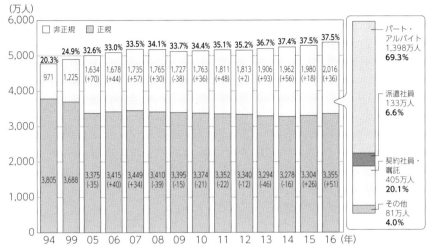

出所：厚生労働省（2017）「「非正規雇用」の現状と課題」より筆者作成

になりました。代表的な動きとして、厚生労働省は2014（平成26）年7月に「『多様な正社員』の普及・拡大のための有識者懇談会報告書」を取りまとめ、望ましい形での限定正社員の普及・拡大を図るための政策提言を行っています。

　国が限定正社員の普及・拡大に取り組む理由としては、法改正の影響もあります。2013（平成25）年4月1日に施行された改正労働契約法（以下「労契法」と言う）により、今後、非正規社員からの転換の受け皿として、限定正社員が増えると見込まれており、限定正社員という働き方に関わるルールの整備が求められています。

　また、限定正社員制度が注目されているのは、非正規社員の働き方の改善や転換の受け皿としてだけでなく、そもそも正社員も含めた労働者の多様な働き方を求める志向変化への対応があります。多様な働き方を求める志向変化の中には、ワーク・ライフ・バランスの促進、育児や介護等の家庭責任の負担、スペシャリストとしての専門職の増加等の事情が含まれます。多くの

図表1-4 ■ 限定正社員の普及・拡大の想定ケース

①非正規社員→限定正社員

雇い止めリスクへの不安
労働契約法で定められた
無期転換申込権の付与

雇用の安定性・処遇の向上

②無限定正社員→限定正社員

会社の拘束性に対する不満や不自由
▶ワーク・ライフ・バランスの重視
▶育児、介護等の負担
▶専門性志向

勤務地・勤務時間・職務限定

③不就労者(休業・失業中)→限定正社員

就業不可
希望とのミスマッチ
▶ワーク・ライフ・バランスの重視
▶育児、介護等の負担
▶専門性志向

勤務地・勤務時間・職務限定

会社としては現在・将来に向けて人材確保の課題を抱える中で、正社員の働き方を多様化させて、より安定した人材の確保・定着につなげていきたいとする動きが加速しています。

2 限定正社員制度の現状

　前述したように昨今より注目を集めている限定正社員制度ですが、限定正社員に該当する働き方そのものは、かねてより導入されている会社も多いです。厚生労働省の「『多様な形態による正社員』に関する研究会報告書」（2012年）によると51.9％の会社が限定正社員の雇用区分を導入していると回答しています（図表1-5）。

　各社が既に導入している限定正社員の雇用区分の多くは、職務限定正社員に当たります。これは、従来からコース別人事管理、複線型人事管理等として導入されているものですが、いわゆる"一般職"等の名称で、主として事務を担当する社員で、概ね非管理職として勤務することを前提とした社員であって、事実上職務限定で勤務地限定と思われる正社員が含まれることによるものと想定されます。実際にこの"一般職"については、限定正社員の位置付けや働き方の中身が曖昧となっており、実際に後述する会社、労働者双方に対するメリットに結びついていない等、問題を抱えているケースも少な

図表1-5 ■ 会社における"限定正社員"の導入状況

限定正社員	51.9%
職種制限あり（職務限定正社員）	44.2%
勤務地制限あり（勤務地限定正社員）	19.2%
労働時間制限あり（勤務時間限定社員）	7.3%

出所：厚生労働省（2012）「『多様な形態による正社員』に関する研究会報告書」より筆者作成

図表1-6 ■ 正社員の雇用区分の内訳

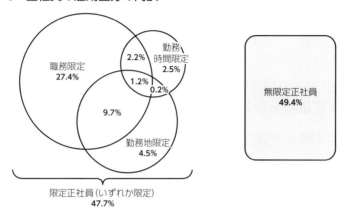

出所：厚生労働省（2012）「『多様な形態による正社員』に関する研究会報告書」より筆者作成

くありません。一方で、勤務時間限定正社員の導入例は比較すると他の限定正社員より少ないですが、これは、正社員という働き方の概念が時間外労働を前提とされていて、その見直しは進んでいないものと想定されます。

第3節
限定正社員制度導入・運用の具体的ニーズ

1 限定正社員制度導入の目的

前述した厚生労働省「『多様な形態による正社員』に関する研究会報告書」によると、会社が限定正社員制度を導入する目的として、多く挙げているものは以下の通りです。

① 「優秀な人材を確保するため」、「従業員の定着を図るため」といった人

図表1-7 ■ 多様な正社員導入の目的

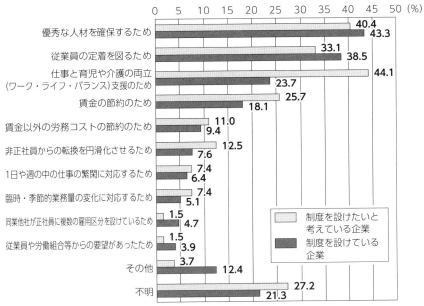

出所：厚生労働省（2012）「『多様な形態による正社員』に関する研究会報告書」

図表1-8 ■ 多様な正社員を導入していない理由

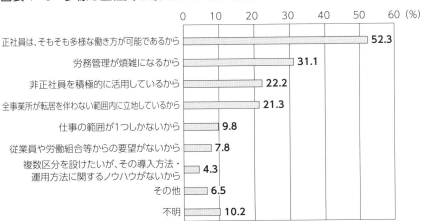

出所：厚生労働省（2012）「『多様な形態による正社員』に関する研究会報告書」

材確保・定着の必要性
② 「仕事と育児や介護の両立（ワーク・ライフ・バランス）支援のため」といった主として正社員の働き方の必要性

一方で、限定正社員制度を導入していない会社が多く挙げた導入しない理由は、以下の通りです。

① 「正社員は、そもそも多様な働き方が可能であるから」
② 「労務管理が煩雑になるから」
③ 「非正規社員を積極的に活用しているから」
④ 「全事業所が転居を伴わない範囲内に立地しているから」

限定正社員は、今後大きな流れとしては、少子高齢化に伴う労働人口の減少に向けて人材を囲い込みたい会社と、多様な働き方を望む働き手のニーズが合致し、より広がりを見せると予想されます。

会社が実際に限定正社員制度を導入する場合には、限定正社員という働き方を単独で検討するのではなく、自社の人材戦略、労働市場の動向等を踏まえて制度をどう活かしていくのかが重要な着眼点となると考えられます。自社にとって制度の導入が必要か、否かを見極めるためには、制度導入に際して主なメリットとデメリットを整理していく必要があります。

2 限定正社員制度の主なメリット・デメリット

(1) 会社から見た限定正社員の主なメリット・デメリット

会社側のメリット・デメリットとしては、例えば**図表1-9**のような点が挙げられます。中でも大きなメリットとしては「優秀な人材の確保・定着」、デメリットとしては、「雇用管理の複雑化」が挙げられます。

図表1-9 ■ 会社側の限定正社員制度のメリット・デメリット

◆メリット

- 多様な正社員を導入・運用することで、家庭の事情等により転勤やフルタイム勤務が困難なため、辞めざるを得ない社員の離職を防止できる。
- 多様な正社員として働ける可能性を社員に提供することで、地元に定着した就業を希望する優秀な人材の採用や定着促進につながる。

→ 優秀な人材の確保・定着

- 勤務地や勤務時間が限定された多様な正社員を、無期転換後の受皿とすることで、労働力の安定的な確保を図り、さまざまな人材の活用を促す。

→ 多様な人材の活用

- 勤務地や職務が限定された多様な正社員を、非正規雇用の労働者の登用後の受皿とすることで、会社の発展を支えるために必要な人材の育成、技能の蓄積・承継が可能となる。

→ 技能の蓄積・承継

- 勤務地限定正社員を導入・運用し、地元密着型の人材採用を行うことで、より地域のニーズに合ったサービスの提供や地元の顧客確保が可能になる。

→ 地域に根ざした事業展開

◆デメリット

- 限定正社員が増えると勤務や配置転換が容易ではなくなり事業上の迅速な対応（国内・海外拠点の立地戦略等）の課題になる可能性がある。

→ 無限定正社員と比較して人事権の制約

- 非正規社員を積極的に限定正社員に転換した場合、有期労働契約から無期労働契約に変わることで、契約満了による雇用終了ができなくなる。

→ 雇用の流動性の減少

- 役割の違いや勤務時間の制限の有無等、日常の組織管理を細分化する必要があり、管理が複雑になる。

→ 雇用管理の複雑化

出所：厚生労働省（2014）「勤務地などを限定した「多様な正社員」の円滑な導入・運用のために（事例集）」

(2) 労働者から見た限定正社員の主なメリット・デメリット

労働者側のメリット・デメリットとしては、例えば**図表 1-10** のような点が挙げられます。中でも大きなメリットとしては「ワーク・ライフ・バランスの実現」、デメリットとしてはあまりありませんが、強いて挙げるなら「無限定社員と比較して処遇の格差に不満を感じる」これが考えられます。

図表 1-10 ■ 労働者側の限定正社員のメリット・デメリット

◆ メリット

内容	項目
勤務時間や残業時間をコントロールできるようになり、ワーク・ライフ・バランスの実現が促される。	ワーク・ライフ・バランスの実現
安定した雇用のもとで、自身の能力を発揮することや処遇改善が可能になり、モチベーション高く働くことができる。	雇用の安定・処遇の改善
安定した雇用のもとで、中長期的なキャリア形成を見据えたスキルアップが可能になる。また、特定の職務のスペシャリストとしてキャリアアップも可能となる。	キャリア形成
育児・介護等の事情により転勤やフルタイム勤務が困難な者などの、就業の継続、能力の発揮が可能となる。	キャリアアップの実現

◆ デメリット

内容	項目
無限定正社員との賃金や福利厚生等の処遇格差について会社の説明に公平性や納得性を感じられない可能性がある。	無限定正社員と比較して処遇の格差
職務や勤務地の消失時に無限定正社員と比較して、解雇が有効と認められる可能性が高くなる。	無限定正社員と比較して解雇の可能性

出所：厚生労働省（2014）「勤務地などを限定した「多様な正社員」の円滑な導入・運用のために（事例集）」

第4節
限定正社員制度に影響する有期労働契約社員等に関する主な法改正

　労働法の改正や社会保険の適用拡大などにより、会社や社員を取り巻く環境は大きく変わりつつあります。こうした環境の変化に、会社の雇用制度や社員の働き方も対応していく必要があります。ここでは、改正労契法や改正パートタイム労働法（以下「パート法」と言う）、さらに2016（平成28）年10月に施行された社会保険の適用拡大の概要と対応のポイントについて解説します。

1　改正労働契約法の概要と対応のポイント

　2013（平成25）年4月に改正労契法が全面施行されました。労契法は、労働契約に関する法律ですが、1年契約や6ヵ月契約など期間の定めのある労働契約（有期労働契約）に関して一部改正されました。有期労働契約は、会社にとっては業務量の変動に対応することができる一方、有期労働契約下で働く労働者にとっては反復更新によって生じる雇止めの不安や、有期労働契約であることを理由とした処遇に対する不満が問題となっていました。改正労契法はこうした問題を解決することを目的に、有期労働契約について次の3つのルールが新たに定められました。

① 　無期労働契約への転換
② 　「雇止め法理」の法定化
③ 　不合理な労働条件の禁止

(1) 無期労働契約への転換（労契法 18 条）

　パート、アルバイト、契約社員などで使用者と有期労働契約を結んで働いているすべての社員は、同一の使用者との契約が繰り返し更新されて通算 5 年を超えたときは、申込みをすることによって、期間の定めのない労働契約（無期労働契約）へ転換できるようになりました（**図表 1-11**）。

　社員からの無期転換の申込みは、会社が申込みを承諾したとみなされ、申込みの時点で無期労働契約が成立することになり、申込み時の有期労働契約期間が終了する翌日から無期労働契約へ転換されることになります。無期労働契約への転換後の労働条件（職務、勤務地、賃金、勤務時間など）は、労働協約や就業規則、個々の労働契約などにおいて別段の定めがない限り、直前の有期労働契約と同一となります。この無期転換ルールでは、「通算 5 年」を超えて、社員からの申込みがあった場合、契約期間を有期から無期にすることだけを求めていますので、他の労働条件を変更することまで求めるものではありません。もちろん、別段の定めをすることで労働時間などを変更することも可能です。

図表 1-11 ■ 無期労働契約への転換例

【労働契約期間が1年の場合の例】

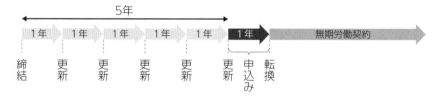

【労働契約期間が3年の場合の例】

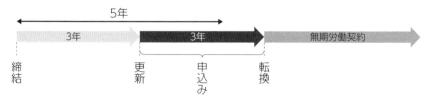

図表1-12 ■ 通算契約期間の計算について（クーリングとは）

【カウントの対象となる契約期間が1年以上の場合】

■契約がない期間（6ヵ月以上）が間にあるとき

　有期労働契約とその次の有期労働契約の間に、契約がない期間が6ヵ月以上あるときは、その空白期間より前の有期労働契約は通算契約期間に含めません。これをクーリングといいます。

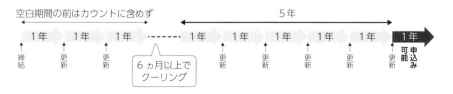

■契約がない期間はあるが、6ヵ月未満のとき

　有期労働契約とその次の有期労働契約の間に、契約がない期間があっても、その長さが6ヵ月未満の場合は、前後の有期労働契約の期間を通算します（クーリングされません）。

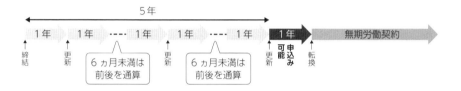

【カウントの対象となる契約期間が1年未満の場合】

　「カウントの対象となる有期労働契約の契約期間（2つ以上の有期労働契約があるときは通算した期間）」の区分に応じて、「契約がない期間」がそれぞれ次の表の右欄に掲げる期間に該当するときは、契約期間の通算がリセットされます（クーリングされます）。
　その次の有期労働契約の契約期間から、通算契約期間のカウントが再度スタートします。

カウントの対象となる 有期労働契約の契約期間	契約がない期間
2ヵ月以下	1ヵ月以上
2ヵ月超～4ヵ月以下	2ヵ月以上
4ヵ月超～6ヵ月以下	3ヵ月以上
6ヵ月超～8ヵ月以下	4ヵ月以上
8ヵ月超～10ヵ月以下	5ヵ月以上
10ヵ月超～	6ヵ月以上

出所：厚生労働省（2012）「労働契約法改正のあらまし」p.6

無期転換の申込みについては、対象となる有期労働契約で働く社員が持つ権利（無期転換申込権）ですので、申込みするかどうかは社員の自由ですし、申込みがなければ、「通算5年」を超えたとしても自動的に無期労働契約に転換されるわけではありません。ただし、この権利を放棄させるような労働契約を結ぶことは無効と解されていますので注意が必要です。

　社員からの無期転換の申込み方法も自由です。ただ、口頭での申込みは、後日、申込み自体を確認することができず労使間での争いになりかねませんので、できるだけ書面での申込みとし、会社で申込フォームを準備しておくことをお勧めします。

　この無期転換ルールにおいて「通算5年」とカウントされる契約期間は、2013（平成25）年4月1日以後に開始した有期労働契約の期間であって、それ以前に開始した有期労働契約の期間は含まれません。また、カウントの対象となる契約期間が1年以上であって有期労働契約の途中で契約がない期間（空白期間）が6ヵ月未満であるときは、空白期間の前後の期間を通算しますが、空白期間が6ヵ月以上であるときは、空白期間の前の期間はリセットされカウントされません（クーリング）。カウントの対象となる契約期間が1年未満であって空白期間がある場合、その期間が**図表1-12**に示すような期間に該当するときは、契約期間の全部がクーリングされます。

(2) 「雇止め法理」の法定化（労契法19条）

　雇止めとは、有期労働契約の更新を使用者が拒否することによって、契約期間満了時に契約が終了することを言います。これまで、雇止めに関しては、「有期労働契約の下で働く労働者の労働契約が反復更新され、その契約が更新されるものと合理的な期待が認められた場合で、客観的に合理的な理由を欠き、社会通念上相当であると認められない雇止めは認められない」という最高裁判例をもとに判断するという「雇止め法理」が確立していました。改正労契法では、この「雇止め法理」の内容が条文化されました。

　「雇止め法理」の対象となる有期労働契約は、次のいずれかに該当する場合

です。

① 実態として、過去に反復更新された有期労働契約で、無期労働契約と同視できると認められるもの
② 有期労働契約で働く社員が、契約期間の満了時に自身の有期労働契約が更新されるものと期待することについて、あらゆる事情を勘案した上で合理的な理由があると認められるもの

(3) 不合理な労働条件の禁止（労契法20条）

「不合理な労働条件の禁止」とは、有期労働契約の社員と無期労働契約の社員の間で労働条件を相違させることについて、業務内容や責任の程度、または転勤、昇進といった人事異動や職務内容の変更の有無やその範囲、その他労使慣行等の事情を勘案した場合に、不合理と認められるものであってはならないとするものです。

ここで言う労働条件とは、賃金や勤務時間等の労働条件だけでなく、労働契約の内容である災害補償、服務規律、教育訓練、付随義務、福利厚生など社員に対する一切の待遇が含まれます。また、不合理であるかどうかは、個々の労働条件ごとに判断されますが、特に、通勤手当や食堂の利用、安全管理などについて労働条件を相違させることは、上記を考慮して、特段の理由がない限り、合理的とは認められないとされています。

この規定により、無効とされた労働契約については、基本的に無期労働契約の社員と同じ労働条件が適用されます。また、民事的効力のある規定ですので、不合理と認められる労働条件の定めは無効となり、故意・過失による権利侵害として損害賠償を請求される可能性もあります。

さらに、非正規社員の待遇改善を目的として検討されている「同一労働同一賃金」において、「不合理な労働条件を禁止する法則」（不合理要件）から「労働条件は合理的なものでなければならないとする法制」（合理性要件）に変更することも論点の1つとなっています。「同一労働同一賃金」が実現した

場合、会社としては、正社員と有期労働契約を含む非正規社員との労働条件の相違について、これまで以上に合理的な理由を立証する必要があります。

有期労働契約の社員については、雇止めの不安や労働条件に対する不満が多く指摘されてきましたが、法改正によって、それらの不安や不満の解消とともに、無期労働契約へ転換という新たな選択肢が生まれました。法改正に対応して、会社としては無期労働契約のパート社員や正社員だけでなく、無期労働契約の限定正社員という選択肢を追加してはいかがでしょうか。

2　改正パートタイム労働法の概要と対応のポイント

パート法の対象となる「短時間労働者（パートタイム労働者）」とは、「パートタイマー」「アルバイト」「嘱託社員」「契約社員」「臨時社員」「準社員」など、呼び方は異なっても、すべての「1週間の所定労働時間が同一の事業所に雇用される通常の労働者の1週間の所定労働時間に比べて短い労働者」とされています。こうしたパートタイム労働者の待遇は、正社員に比べて低いものになりがちです。パート法では、パートタイム労働者の雇用環境を改善するとともに、正社員との均等・均衡待遇の確保を推進することを目的としており、一層の強化と、1人ひとりの納得性を向上させるため、2015（平成27）年4月1日に改正パート法が施行されました。改正のポイントは次の通りです。

(1)　**パートタイム労働者の公正な待遇の確保**
　①　「短時間労働者の待遇の原則」の新設（パート法8条）
　　改正労契法において「不合理な労働条件の禁止」について紹介しましたが、有期労働契約社員だけでなく、パートタイム労働者に対しても、正社員との労働条件を相違させる場合は、職務の内容、人材活用の仕組

み、その他の事情を考慮して不合理と認められるものであってはならないとされました。客観的な基準に基づかない待遇に関しては、見直しが必要です。

② 正社員と差別的取扱いが禁止されているパートタイム労働者の対象範囲の拡大（パート法9条）

改正前も、職務（仕事の内容及び責任）、人材活用の仕組み（転勤や人事異動の有無及び範囲）、契約期間の3つの要件が正社員と同じである場合に、賃金、教育訓練、福利厚生施設の利用をはじめすべての待遇について、正社員との差別的取扱いが禁止されていましたが、法改正に伴い、契約期間以外の2つの要件が正社員と同じであれば、正社員との差別的取扱いが禁止されました。人材活用の仕組みについては、正社員もパートタイム労働者も、転勤や人事異動等がない場合には、同じと判断されます。

③ 職務の内容に密接に関連して支払われる通勤手当は均衡確保の努力義務の対象に（パート法施行規則3条）

「通勤手当」という名称であっても、距離や実際にかかっている経費に関係なく一律の金額を支払っている場合のような、職務の内容に密接に関連して一律に支払われているものは、パートタイム労働者について正社員との均衡を考慮しつつ決定するよう努める必要があります。

(2) パートタイム労働者の納得性を高めるための措置

① パートタイム労働者を雇い入れたときの事業主による説明義務の新設（パート法14条1項）

パートタイム労働者を雇い入れたときは、給与制度、教育訓練制度、利用できる福利厚生施設、正社員転換措置などについて、会社側から説明しなければなりません。また、パートタイム労働者から待遇について説明を求められたときの説明義務とともに、パートタイム労働者が説明を求めたことによる不利益変更の取扱いは禁止されています。

② パートタイム労働者からの相談に対応するための体制整備の義務の新設（パート法16条）

会社は、パートタイム労働者からの相談に応じ、相談担当者を決めるなど適切に対応するために必要な体制を整備しなければなりません。また、相談窓口（相談担当部署、担当者など）については、パートタイム労働者の雇入れ時に文書で交付する労働条件通知書等に明示することが義務づけられました。

③ パートタイム労働法の実効性を高めるための規定の創設（パート法18条2項、30条）

パートタイム労働者の雇用管理の改善措置の規定に違反して、厚生労働大臣が勧告したにもかかわらず、従わない場合は、会社名を公表されることとなります。また、パート法の規定に基づく報告をしなかったり、虚偽の報告をした場合は、20万円以下の過料も新設され、注意が必要です。

法改正に対応し、今後も有期労働契約のパートタイム労働者を活用していくためには、職務の内容や成果、意欲、能力、経験を勘案し、勤務時間限定正社員としての登用も検討できます。勤務時間限定正社員制度においては、パート法により公正な待遇を確保することが必要となります。

3 短時間労働者に対する社会保険の適用拡大の概要と対応のポイント

2016（平成28）年10月から、厚生年金保険の被保険者の総数が常時500人を超える会社については、パートタイム労働者に対する社会保険（健康保険、厚生年金保険）の適用が拡大しました。法改正の内容とともに適用拡大の対象となる会社やパートタイム労働者について解説します。

(1) 社会保険の適用基準の明確化

　従来は、社会保険の被保険者資格の取得基準は「1日又は1週の所定労働時間」および「1月の所定労働日数」が、同一の事業所において同種の業務に従事する通常の労働者の所定労働時間及び所定労働日数のおおむね4分の3以上であるかどうかを1つの判断基準としていました。これまでは法律上明確化されていませんでしたが、2016（平成28）年10月の改正後は、資格取得基準が明確化され、「1週間の所定労働時間及び1月間の所定労働日数が、同一の事業所に使用される通常の労働者の1週間の所定労働時間及び1月間の所定労働日数の4分の3以上（以下「4分の3基準」と言う）である者を、社会保険の被保険者として取り扱うこととする」とされました（厚生年金保険法12条5項）。

(2) 適用拡大の5要件

　4分の3基準を満たさないパートタイム労働者であっても、次の①～⑤の要件をすべて満たす場合は、社会保険の被保険者として取り扱います。

① 週の所定労働時間が20時間以上であること
　　所定労働時間とは、就業規則や労働契約書等により勤務すべき時間をいいます。
② 賃金の月額が88,000円（年収106万円）以上であること
　　ただし、時間外労働の割増賃金や、精皆勤手当、通勤手当、家族手当、賞与などは賃金から除外します。これらの手当等は適用拡大の要件における賃金からは除外されますが、適用となった際の算定報酬月額には従来通り算入されますので、注意が必要です。
③ 雇用見込み期間が1年以上あること（以下の場合）
　㈦ 無期労働契約である場合
　㈠ 雇用期間が1年以上である場合
　㈥ 雇用期間が1年未満である次のいずれかの場合

(a) 労働契約書等に契約が更新される旨または更新される場合がある旨が明示されている場合
　　(b) これまで更新された実績があり、1年以上雇用されている場合
④ 学生でないこと
　　休学中や大学の夜間学部、高校の定時制の課程である学生、社会人大学院生などは学生の要件から除外され、適用拡大の対象となります。
⑤ 社員数501人以上の会社（特定適用事業所）であること
　　「4分の3基準」における厚生年金の被保険者数（70歳未満）が、1年のうちに6ヵ月以上、500人を超えることが見込まれる場合、特定適用事業所に該当します。

(3) 社会保険適用拡大による影響

　社会保険適用拡大以前は、パートタイム労働者にはいわゆる「130万円の壁（年収130万円以上になると、配偶者など親族の社会保険の被扶養者から外れ、本人に社会保険料の負担が発生して手取り収入が大きく下がるため、年収130万円を超えないように労働時間等を調整すること）」があると言われていました。2016（平成28）年10月以降、特定適用事業所で働くパートタイム労働者にとって「年収106万円、週所定労働時間20時間」が新たな壁となり、パートタイム労働者がさらに労働時間を抑制する、あるいは労働時間を減らさないで手取り収入を変えないために、特定適用事業所に該当しない別の会社へ移籍する可能性が出てきました。特にパートタイム労働者が多く活躍する会社では、影響を受け深刻な人手不足が懸念されます。一方、対象となるパートタイム労働者が社会保険に新たに加入した場合、社会保険料の折半分を納付する会社の負担も増加することになります。このように特定適用事業所に該当する会社に与える影響は多大です。

　特定適用事業所に該当する場合、適用拡大の対象となるパートタイム労働者に対し、被保険者となった場合の保険料負担と将来の保険給付についてや、週所定労働時間を20時間未満に調整し社会保険の被保険者とならないこ

とを選択した場合には、雇用保険も適用除外となり、失業補償や育児・介護休業手当等の雇用継続給付を受けることができなくなることなど、丁寧に説明する必要があります。その上で、パートタイム労働者１人ひとりの意向を把握し、週所定労働時間等を変更する場合は、あらためて労働条件を明示し契約を結び直します。新たに社会保険の被保険者となったパートタイム労働者に対しては、その者が配偶者等の親族の被扶養者となっている場合は扶養から外れるための手続きについて、その者が国民健康保険・国民年金の被保険者の場合は市町村役場での脱退についても説明することが望ましいでしょう。

　一方で、社会保険適用拡大を機に、これまでの経験を活かして、勤務時間を増やしたいと希望するパートタイム労働者を対象とした限定正社員制度を導入し限定正社員に登用することで、人材の流出を防ぎ、パートタイム労働者が経験を活かして活躍できる環境づくりが実現できると考えられます。

第2章

限定正社員制度の活用

第1節
社員の多様性への活用

1　雇用形態の多様化

　今日では、社員の働き方に対するニーズが多様化しています。例えば、仕事を中心に職業生活を送りたい、家庭や趣味を中心にしながら職業生活を送りたい、子育てや介護をしながらもずっと働いていたい、フルタイムで正社員として働きたい、短時間でもよいのでパートタイムとして働きたい、定年後も今までと変わらずに働きたいなど、その希望する働き方は今までにないほどに多種多様になっています。このように、社員の希望する働き方が多様になってくると、会社は今までどおりの労務管理では人材の確保が難しくなってきます。会社にとっては、定型パターンのみでの労働管理だけではなく、幅広いニーズに合わせた働き方に対応した労務管理をしていくことが重要になります。

　また、「育児」「介護」「高年齢者雇用」「非正規社員」「女性活躍」など、会社と社員を取り巻く労働環境において様々な言葉があふれています。これらは、これからの社員の働き方を考える上では重要なキーワードになってきます。例えば、「育児」や「介護」といった事情が生じた社員は、仕事の継続もしくは退職を迫られることが多くあり、仕事を続けたいのに育児や介護のためにやむなく退職するといったケースが見受けられます。このように、何ら

図表2-1 ■ 社員の働き方を考える上でのポイント

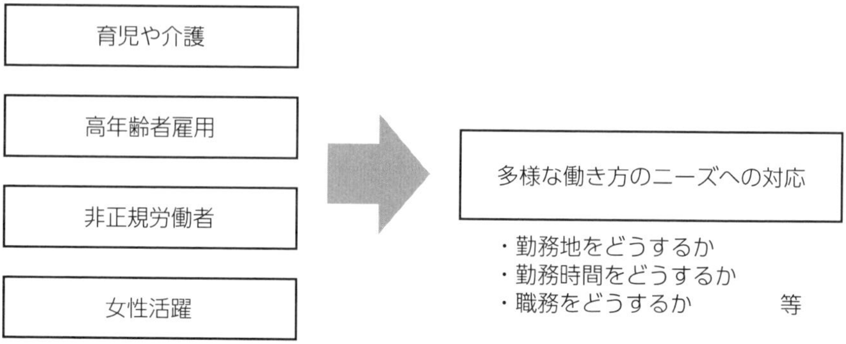

- 育児や介護
- 高年齢者雇用
- 非正規労働者
- 女性活躍

→ 多様な働き方のニーズへの対応
・勤務地をどうするか
・勤務時間をどうするか
・職務をどうするか　　　等

かの事情が生じたために、優秀な人材が会社を去ってしまうことは、会社にとっても大きな痛手になります。

このような状況の中、会社にとっては、社員の働き方に合わせた勤務地や勤務時間、職務などのルール作りをしていくことが労務管理の重要な課題になります。

2　会社のメリット

(1) 社員の離職を防止

前述のとおり育児や介護などにより、働きたくても働くことができなくなり、結局、退職を余儀なくされてしまうケースがあります。退職を余儀なくされた社員が優秀な人材であればどうでしょうか。会社としては、その社員には会社に残ってもらいたいと思うはずです。勤務時間や職務を限定するなどして、育児や介護をしながらも仕事を続けていきたいといった社員のニーズに応えることができれば、育児や介護といった事情によって優秀な人材を失わずにすむでしょう。

(2) 無期転換後の受け皿に

　有期労働契約を結んだ社員が勤続5年を超え無期労働契約に転換された場合、どのような働き方をしてもらうのかが課題になります。無期労働契約に転換された社員をどのような雇用区分で労務管理していくかは非常に難しい問題です。例えば、勤務地や勤務時間を限定した限定正社員制度を整え、無期労働契約に転換された社員をこの制度に当てはめて雇用することで、この課題を解決することが可能となります。

(3) 女性の活躍を推進

　女性社員が出産や育児などの家庭の事情により、フルタイムで働くことができなくなり退職せざるを得ないことがあります。もし、育児などに合わせた時間に働くことができたり、家庭事情に負担のない職務に就いたりすることが可能であったならば、退職を回避できる可能性も高まります。勤務時間や職務を限定するなどし、家庭の事情などに合わせた働き方ができるようにすることで、女性の活躍を推進することができます。

(4) 人材採用の戦略に

　特別な技能や知識を持っているにもかかわらず、様々な理由によってフルタイムで働くことができない人材がいます。このような優秀な人材が確保できれば、会社が事業を運営する上では大きなメリットになるのではないでしょうか。勤務地や勤務時間、職務を限定して採用を行うことで、このような人材市場で眠ってしまっている貴重な人材を採用できるようになると考えられます。

3 社員のメリット

　仕事を中心に生活をしたい、家庭を中心に生活をしたいなど、どのように生活したいかは人それぞれです。自分のライフスタイルに合った環境で仕事をすることを望む社員も多くなってきました。

　社員は、勤務地が限定された限定正社員制度を利用することで、転勤などの異動がなく、生活環境を変えることなく住み慣れた場所で仕事ができるようになります。また、就業時間が限定された限定正社員制度を利用することで、仕事以外の時間を家庭生活などの自分の時間として活用できるようになります。このように、社員にとって、限定正社員制度はワーク・ライフ・バランスを実現する上で非常にメリットのある制度であると言えます。

　また、育児や介護などの事情により、フルタイムで働くことできず、働きたいのに十分に働けずに長期にわたって働くことができないことがあります。育児や介護といった家庭事情の変化によって、仕事を辞めざるを得ないことがあります。このような場合には、社員は、就業時間が限定された限定正社員制度を利用することで、育児や介護と仕事の両立ができるようになります。

　このように、就業の制限を余儀なくされるような事情がある社員にとって、限定正社員制度は、家庭事情などに左右されることなく継続して働くためには有用な制度であると言えます。

図表 2-2 ■ 限定正社員制度導入の背景と目的

4　限定正社員の活用ケース

(1) 勤務地限定正社員としての活用

　育児や介護などの家庭の事情により転勤が難しい者を雇用する場合や、一定の地域での就業を希望する者などを雇用する場合に、勤務地を限定して雇用することが考えられます。この場合の勤務地は、例えば「会社が定めたエリア」「住所地から通勤可能な事業所」「決められた事業所（異動を行わない）」などに限定するとよいでしょう。

　これまでは育児や介護などやむを得ない理由により雇用継続を断念せざるを得なかった人材の確保、定着を促進させることが可能となります。また、地元に密着した人材を確保することで、地域のニーズに合ったサービスの提供や、顧客の確保が可能となります。

(2) 勤務時間限定正社員としての活用

　育児や介護などの家庭の事情により所定勤務時間での勤務が難しい者や、家庭や趣味を中心に職業生活を送りたい者、自身のキャリアアップのために必要な技能を得るために時間を使いたい者を雇用する場合に、勤務時間を限定して雇用することが考えられます。

　この場合の勤務時間は、例えば「所定勤務時間を超える勤務を行わない」「1日の所定勤務時間を6時間とする」などに限定するとよいでしょう。

(3) 職務限定正社員としての活用

　専門的な業務に従事する者や一定の資格を持っている者などを職務を限定して雇用することが考えられます。

　この場合の職務は、例えば「営業業務に従事」「財務企画立案の業務に従事」「証券アナリストの業務に従事」「システムコンサルタントの業務に従事」などに限定するとよいでしょう。会社内において、特定の職務に特化したス

ペシャリストとしてキャリアを形成させることや、非正規社員がキャリア形成の中で特定の職務に特化していくことで、会社内で安定した身分を得ていくことが考えられます。

図表2-3 ■ どのような限定正社員制度がマッチするか

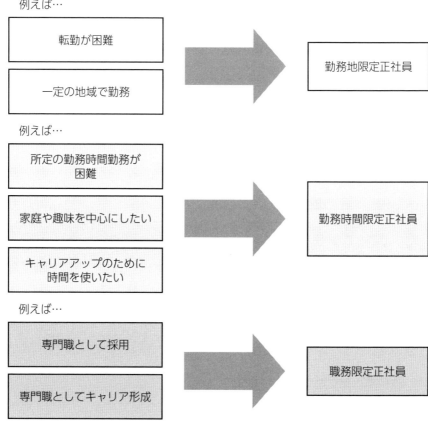

第2節
非正規社員のモチベーション向上への活用

1 非正規社員を取り巻く環境と課題

　IT技術の進展や少子高齢化の進行などの雇用を取り巻く環境の変化によって、雇用形態や就労形態の多様化はますます進んでいくと言えます。例えば、無期雇用と有期雇用といった雇用形態や勤務地の限定や在宅勤務、短時間勤務といった就労形態の多様化が考えられます。

　また、雇用を取り巻く環境の変化の中で、非正規社員が増えています。非正規社員とはパートやアルバイト、派遣社員、契約社員といった、通常正社員と呼ばれる働き方をしている者以外の社員を言います。このような非正規社員の中でも、特にパートやアルバイトが増加しています。従来であれば正社員が行っていた業務の一部を非正規社員が行うようになってきました。

　非正規社員が活躍する場面を創出し、非正規社員を戦力化するにはどのようにすればよいのでしょうか。非正規社員はなぜ非正規社員という雇用形態で仕事をするのかを考えてみるとよいかもしれません。みずから非正規社員を選んだ者、やむを得なく非正規社員である者、理由は様々であると言えま

図表2-4 ■ 非正規社員から各種限定正社員へ

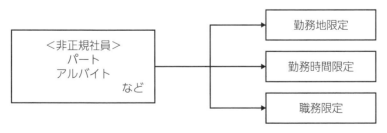

す。このような中で、非正規社員を上手に活用するためには、職務を限定すべきか、または勤務地を限定すべきか、など、非正規社員の希望に合わせた雇用条件を検討していく必要があるでしょう。

2 勤務地や勤務時間、職務を限定した社員の実情に合わせた働き方

(1) 非正規社員のモチベーション

　パートタイマーやアルバイトといった非正規社員の働きがいとは何でしょうか。会社に認められることで組織の中で存在を認められることや、自らの仕事が認められることなど、様々であると言えます。

　通常、パートやアルバイトといった非正規社員は、正社員の補助的な役割を担っている場合が多いと考えられます。しかし、非正規社員の中でも、正社員と同じような仕事をし、役割も正社員と変わらないような者も存在します。パートやアルバイトとして働いているけれども、実は正社員にも勝るような専門知識や技術を持っている者も少なくありません。このようなことが適正に評価され、会社の中での存在が認められると非正規社員のモチベーション向上につながるのでそういった制度作りが必要になってきます。会社は、このような有能な人材を重要な戦力として位置づけ、正社員と共に上手に活用していくことが重要でしょう。

　現状の会社の制度では、パートタイマーやアルバイトといった非正規社員のモチベーションを向上させて、重要な戦力として活用することが困難であると考えるかもしれません。正社員は勤務地を限定されず転勤可能で、携わる職務も様々、勤務時間も制限されていないなど、仕事をする上では労働条件は非限定的であると言えます。一方で非正規社員は、労働条件が限定的にならざるを得ず、その結果、先述のとおり正社員の補助的な役割しか果たせなくなっている可能性があります。しかし、労働条件が限定的であったとしても、会社の中で働き方が制度化されており、労働条件も明確になっていれ

図表 2-5 ■ モチベーション向上のための制度作り

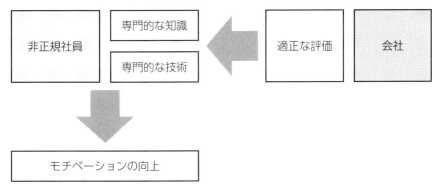

図表 2-6 ■ モチベーション向上の要素

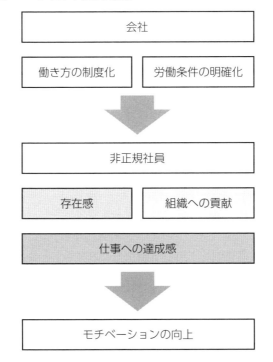

ば、非正規社員は会社の中での存在感や会社に対する貢献、仕事の達成感を感じることができるようになるかもしれません。

　非正規社員の働き方を制度化することで、非正規社員のモチベーションは向上すると考えられます。

　例えば、非正規社員から「正社員と同じ仕事をしているのに給料が低い」「正社員転換制度があることは知っているけれど、転換後の労働条件がよくわからない」「どのように評価されているのかわからない」といった様々な声が聞こえてくることがあります。これらが原因となって、仕事にやりがいを感じることができず離職してしまうケースもあります。

　このような場合には、非正規社員の働き方（評価や勤務時間、業務の種類など）を明確にして、その明確な評価制度や労働条件に基づいた処遇をして、会社内での立場や果たすべき役割を非正規社員に理解してもらうことが重要です。このような環境をつくることで、非正規社員は会社の思いを理解し、会社から必要とされているように感じ、やりがいを持って仕事ができるようになります。

(2)　労働条件をどうするか

　上記のように、非正規社員の雇用形態として、勤務地限定や勤務時間限定、職務限定が考えられます。このような雇用形態にした場合に、どのような労働条件にしていくのか、どのような働き方になるのかを明確に定める必要があります。

　また、非正規社員のモチベーション向上を図るためには、決められた労働条件により、どのように仕事を評価していくのかも重要な要素と言えます。加えて、勤務地や勤務時間・職務を限定した正社員として雇用することも考えられます。

図表 2-7 ■ 働き方の制度化

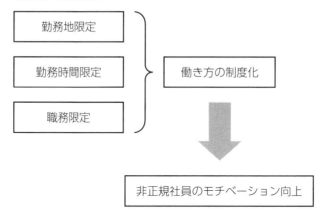

図表 2-8 ■ 労働条件明確化とモチベーション

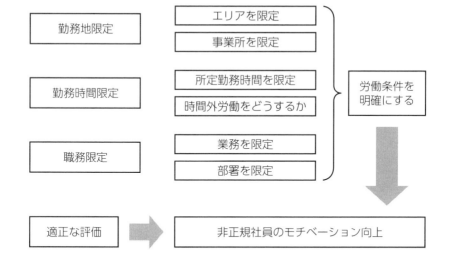

第3節
無期労働契約転換への対策としての活用

1 無期労働契約転換によりどのような影響があるのか

　第1章第4節で詳細を説明していますように、有期労働契約の労働者を取り巻く環境は法律の改正により変化してきており、労契法の改正による有期労働契約の無期労働契約への転換は会社経営にとっても大きな影響を与えるものと思われます。

　特に無期転換後の社員をどのように活用していくかは重大な課題になってくると思われます。例えば、「労働契約期間を除く労働契約の内容を変えずに雇用していくのか」また、「新たな社員の区分を設けて雇用していくのか」など、無期転換後の労働条件の決定の仕方によっては人件費や人員計画等に多大な影響を及ぼすものとなります。

2 勤務地や勤務時間等を限定した社員の実情に合わせた働き方

(1) 勤務地や職務などを限定した働き方

　有期労働契約で勤務する社員にはそれぞれ様々な理由があると考えられます。その理由の1つに、転勤をすることが困難であること等、勤務地を容易に変えることができないことが挙げられます。

　例えば、転勤が困難な社員を地域に密着した会社運営に活用することが考えられます。飲食店や小売店のような業態では、パートタイマーやアルバイトと呼ばれる有期労働契約社員が多く、労契法により無期労働契約に転換した後の雇用管理をどのようにしていくかが大きな課題になっていることが多

くあります。

　このような場合に、勤務地を限定した雇用区分をつくり、有期労働契約から無期労働契約に転換された有期労働契約社員を勤務地限定正社員として受け入れることが考えられます。

　また、勤務地だけではなく、職務を限定して雇用することも考えられます。特に専門的な技術や知識を持った有期労働契約社員であれば、その技術や知識を存分に活かすことができるように、職務限定正社員として受け入れることが考えられます。

(2) 勤務時間を限定した働き方

　パートタイマーやアルバイトといった有期労働契約社員の働き方は、それぞれの労働者によって違っています。家庭を中心に時間を使いたいために、また、自分のキャリアアップのために時間を使いたいために短時間で働いていることが考えられます。これらの有期労働契約社員は、もしかしたら、正社員としてフルタイムで働くことを望んでおらず、短時間勤務でしっかりと働きたいと考えているかもしれません。このような働き方をする有期労働契約社員の労働契約が無期転換された場合に、どのように戦力として活用していくかを考える必要があります。

　その解決策として、勤務時間を短時間にしたまま、勤務時間限定正社員として雇用することが考えられます。

(3) 労働条件をどうするか

　上記のように、有期労働契約が無期労働契約に転換された場合の雇用形態として、各種限定正社員制度の導入が考えられます。このような雇用形態にした場合に、どのような労働条件にしていくのかを考えなければなりません。

　勤務地限定であれば、どのエリアに限定するのか、また、どの事業所に限定するのか等を明確にして労働条件を決定する必要があります。

　職務限定であれば、どのような業務に従事するのか、また、どのような部

図表 2-9 ■ 無期転換後の労働条件の決定

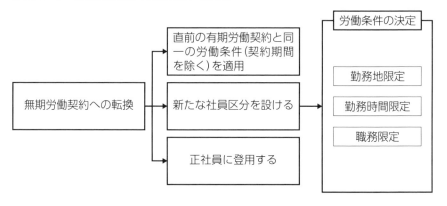

門に所属するのか等を明確にしなければなりません。

そして、勤務時間限定の場合であれば、所定勤務時間を何時間にするのか、時間外労働はどのようにするのか等を決めておかなければなりません。

第4節
育児をする社員への活用

1 育児をする社員を取り巻く環境と課題

(1) 2010（平成 22）年育児介護休業法の改正

2010（平成 22）年に改正育児介護休業法が施行され、育児については、短時間勤務制度が義務付けられ、また、父母が共に育児休業を取得する場合には子が1歳2ヵ月までの間に1年間育児休業を取得することができるようになりました。また、子の看護休暇が拡充され、小学校就学前の子が2人以上であれば年間で10日の看護休暇の取得が可能になりました。

介護については、要介護状態にある家族のために対象家族1人につき年間5日、対象家族2人につき年間10日の介護休暇を取得できるようになりました。

(2) 2017（平成29）年育児介護休業法の改正

2016（平成28）年に育児介護休業法が改正され、2017（平成29）年1月1日から施行されました。この改正では、有期労働契約社員の育児休業取得要件が緩和され、育児休業等の対象になる子の範囲が拡大されました。また子の看護休暇については、半日単位で取得することができるようになりました。

介護については、介護のための所定労働の免除が新設され、また有期労働契約社員の介護休業取得要件が緩和されました。

図表2-10 ■ 2017（平成29）年育児介護休業法の改正（育児部分）

仕事と育児の両立支援制度	改正前	改正後
（1）育児休業	①事業主に引き続き雇用された期間が1年以上であること ②1歳以降も雇用継続の見込みがあること ③2歳までの間に更新されないことが明らかである者を除く	①事業主に引き続き雇用された期間が過去1年以上であること ②子が1歳6ヵ月になるまでの間に、その労働契約（労働契約が更新される場合にあっては更新後のもの）が満了することが明らかでないもの
	法律上の親子関係である実子、養子	法律上の親子関係に準じるといえるような関係にある子（特別養子縁組の監護期間中の子、養子縁組里親に委託されている子など）
（2）看護休暇	1日単位での取得	半日（所定労働時間の2分の1）単位の取得が可能

(3) どのような影響があるのか

上記のように、育児をする労働者を取り巻く環境は法律の改正により変化してきています。このように、育児介護休業法の改正により、優秀な人材の確保や雇用管理の必要性は会社経営にとっても大きな影響を与えるものと思われます。育児休業などの制度を取得する社員をどのように活用していくかが大きな課題になってきます。

2 勤務地や勤務時間等を限定した社員の実情に合わせた働き方

(1) 勤務地や職務などを限定した働き方

育児により家庭生活を優先せざるを得ず、フルタイムの正社員として働くことを断念するようなケースが見られます。育児により転勤が困難になったり、働く時間が制限されたりするため、従事する職種も限られてしまうこともあります。

例えば、転勤が条件の総合職であったのに育児をするために転勤ができないので、これまでのように総合職では働けなくなる、あるいは営業職として

図表2-11 ライフイベントを重視する社員の働き方

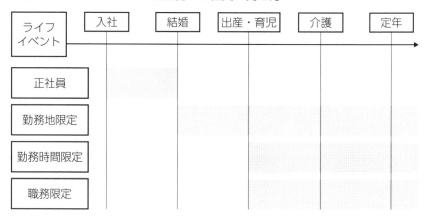

フルタイムで働いていたけれども、同様に働くことができなくなるなど、育児によって、今までの働き方が困難になることが多くあります。

このように、育児に携わる社員の雇用管理をどのようにしていくかが大きな課題になっていることが多くあります。対応策として、勤務地を限定した雇用区分をつくり、育児をする社員を勤務地限定正社員として引き続き受け入れることが可能となります。

また、勤務地だけではなく、職務を限定して雇用することも同様です。

(2) 勤務時間を限定した働き方

育児をしながらフルタイムで働くことは必ずしも容易なことではありません。朝には子供を保育園に預け、夕方になったら迎えに行かなければならないなど、どうしても育児を中心とした生活になってしまいます。

育児を中心としながらも、できるだけ今までどおりに働きたい社員は多いのではないでしょうか。一方、会社としても、今まで戦力であった社員が育児によって会社を去っていくのは大きな痛手になります。このような社員をどのように戦力として活用していくかを考えなければなりません。

やはり、勤務時間を短時間にしたまま、正社員として雇用する勤務時間限定正社員として活用していくことが考えられます。

図表2-12 ■ 育児における勤務時間限定の要因

(3) 労働条件をどうするか

　上記のように、育児休業をする社員の雇用形態として、勤務地限定、勤務時間限定、職務限定が考えられます。このような雇用形態にした場合に、どのような労働条件にしていくのかを考えなければなりません。

　育児の場合では、職務や勤務地はそのままで勤務時間を限定した働き方になることが多いようです。しかし、育児をする社員の実情をもとに、その社員が育児と仕事を両立できるような労働条件を模索し、会社にも社員にもメリットがあるような雇用形態にしていく必要があります。

図表2-13 ■ 育児と仕事を両立させるための労働条件決定

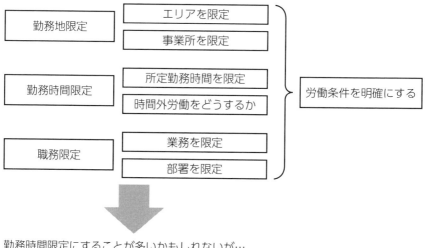

第5節
介護をする社員への活用

1 仕事と介護の両立に関する課題

　内閣府が公表する『平成28年版 高齢社会白書』によると、65歳以上の高齢者人口は2015（平成27）年10月時点で3,392万人であり、わが国の総人口に占める65歳以上人口の割合（高齢化率）は26.7％、そのうち65〜74歳人口（前期高齢者）は1,752万人（総人口に占める割合は13.8％）、75歳以上

図表2-14 ■ 認定者数の推移

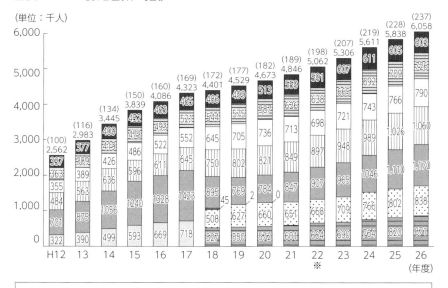

※（　）の数値は、平成12年度を100とした場合の指数です。
※東日本大震災の影響により、2010（平成22）年度の数値には福島県内5町1村の数値は含まれていません。
出所：厚生労働省「平成26年度 介護保険事業状況報告」

人口（後期高齢者）は1,641万人（総人口に占める割合は12.9％）であり、世界でも高い高齢化率と言われています。また、厚生労働省が公表する「平成26年度 介護保険事業状況報告」によると、要介護（要支援）認定者数の推移が年々上昇しており、今後も増加が見込まれます（**図表2-14**）。

こうした高齢化の進行に伴い、家族の介護を行う者が増え、"仕事と介護の両立"という課題に直面しています。介護を行う者の中には、介護を行うようになったことで、これまでと同じように働くことができず、離職せざるを得ないとして本人が望まない、いわゆる"介護離職"が発生しており、総務省統計局「平成24年 就業構造基本調査」によると、前職の離職時期別に見ると、過去5年間に前職を「介護・看護のため」に離職した者は約48.7万人となっています（**図表2-15**）。

優秀な人材や管理職などの会社において中核的な人材の介護離職や、離職

図表2-15 ■ 介護離職者の推移　　　　　　　　　　　　　　　　　　　　（千人）

男女 現在の 就業状態	前職の 離職時期	平成19年10月 ～24年9月						平成14年 10月～ 19年9月	平成9年 10月～ 14年9月
		総数	平成23年 10月～ 24年9月	平成22年 10月～ 23年9月	平成21年 10月～ 22年9月	平成20年 10月～ 21年9月	平成19年 10月～ 20年9月		
介護・看護により前職を離職した者	総数	486.9	101.1	84.2	98.6	81.9	88.5	567.7	524.4
	有業者	123.2	17.8	21.5	23.9	24.8	27.1	163.5	143.5
	無業者	363.7	83.3	62.7	74.6	57.1	61.4	404.2	381.0
	男	97.9	19.9	18.4	20.9	16.1	17.1	100.9	77.8
	有業者	27.6	3.4	5.1	5.1	6.4	6.5	36.5	27.1
	無業者	70.3	16.5	13.3	15.8	9.7	10.6	64.4	50.7
	女	389.0	81.2	65.9	77.7	65.7	71.5	466.8	446.7
	有業者	95.6	14.4	16.4	18.8	18.3	20.6	127.0	116.4
	無業者	293.4	66.8	49.5	58.8	47.4	50.9	339.8	330.3

出所：総務省統計局「平成24年 就業構造基本調査」

しなくても両立が困難なために仕事への意欲の低下は、会社にとって大きな損失であり、"仕事と介護の両立"は深刻かつ優先して取り組むべき課題と言えます。

2 介護離職を防ぐためのポイント

仕事と介護の両立のための制度として、育児介護休業法により、「介護休業制度」、「介護休暇制度」、「介護のための勤務時間の短縮等の措置」等が定められていますが、前述の育児だけでなく介護についても2017（平成29）年1月1日から改正育児介護休業法が施行されました（図表2-16）。

介護離職を防ぐためには、このような仕事と介護の両立のための制度が利用しやすい環境を整備すると共に、介護など家庭の状況から場所的・時間的制約を抱えている社員に対する勤務地の配慮や労働時間の縮減といった、多様なニーズに即した柔軟な働き方を選択できる就業環境の構築が求められます。

図表2-16 ■ 2017（平成29）年育児介護休業法の改正（介護部分）

仕事と介護の両立支援制度	改正前	改正後
（1）介護休業	対象家族1人につき要介護状態に至るごとに1回、通算93日まで取得可能	対象家族1人につき通算93日まで、3回を上限として分割取得可能
（2）介護休暇	対象家族1人の場合は年5日、2人以上の場合は年10日を限度として1日単位での取得可能	対象家族1人の場合は年5日、2人以上の場合は年10日を限度として1日または半日単位での取得可能
（3）勤務時間短縮	介護休業と通算して93日の範囲内で利用可能	介護休業とは別に、利用開始から3年間で2回以上の利用可能
（4）残業の免除	なし	対象家族1人につき介護終了まで利用可能な制度を新設

3 介護をする社員への活用事例

　多様なニーズに即した柔軟な働き方を選択できる就業環境の構築に当たり、介護の課題を抱える社員が、介護をしながら働き続け"仕事と介護の両立"を実現させるためには、その課題を把握すると共に、個別の状況を知ることが第1段階です。介護を必要とする者との同居・別居の別、また、介護の程度や認知症の有無等、その事象によって様々な課題に直面していることが想定されます（**図表2-17**）。その把握した課題に応じて、仕事と介護の両立支援のしくみ作りが第2段階と言えます。

(1) 介護のために転居できないケースへの活用

　例えば、介護を必要とする家族の近隣に居住する社員が、転居を伴う就業場所の変更によって介護が困難になるときは、就業場所の変更を行わない、または通勤可能な範囲内での就業場所の変更に留まる、といった両立支援のしくみが有効となります。介護を行う間は、転居を伴う就業場所の変更がない働き方を選択し、また、介護の必要がなくなったときにキャリアの再開が可能となるしくみであれば、安心して介護をしながら働き続けることができます[1]。

(2) 介護のために時間の制約があるケースへの活用

　例えば、介護を必要とする家族と同居し、デイサービスの利用等により介護施設等に通所するときは、見送りまたは出迎えの時間に合わせて出社または退社することができる等、介護を行う社員に応じた短時間勤務のしくみや

---

[1]　「育児介護休業法」において、会社は、社員の配置の変更で就業場所の変更を伴うものをしようとする場合、就業場所の変更により、就業しつつ家族の介護を行うことが困難となるときは、家族の介護の状況に配慮しなければならないとされています。過去の判例でも、家族の介護の状況等を踏まえ社員が著しい不利益を負う場合には、転居を伴う就業場所の変更はできないものとされた例があります（ネスレジャパンホールディング神戸地裁姫路支部平成17年5月9日判決）。

フレックスタイム制の活用ができるようにする、といった柔軟な働き方を選択できる両立支援のしくみが有効となります。

このような、勤務地や勤務時間の限定を組み合わせる等して、利用しやすい仕事と介護の両立支援制度を策定し、定着させるための就業環境作りが第3段階と言えます。

図表2-17 ■ 介護を機に離職した理由

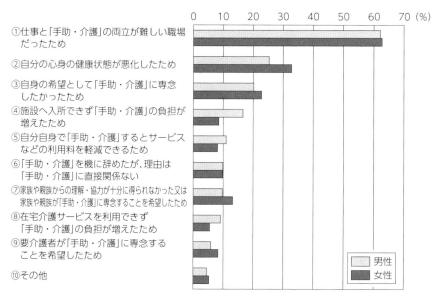

出所：三菱UFJリサーチ＆コンサルティング株式会社「仕事と介護の両立に関する労働者アンケート調査（平成24年度厚生労働省委託調査）」より作成

図表2-18 ■ 仕事と介護の両立に向けた就業環境の構築

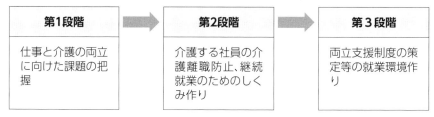

第6節
高年齢者雇用への活用

1　高年齢者の就業を取り巻く環境と課題

　少子高齢化が急速に加速し、労働人口が減少する中、高年齢者の就労環境の整備も喫緊の課題となっています。また高年齢者雇用安定法において、定年を定める場合には60歳を下回ることができないことや、65歳未満の定年を定めている場合には、65歳までの雇用を確保するため、①定年の引上げ②継続雇用制度の導入③定年の定めの廃止のいずれかの措置を導入することが義務付けられています。

　②の継続雇用制度の対象者については労使協定により基準を定めた場合には希望者全員を対象としない制度も可能でしたが、2013（平成25）年4月より厚生年金の支給開始年齢の引き上げに伴い、定年後、年金受給までの期間における無収入状態を回避するために、法改正が行われ、原則として希望者全員を対象とした定年後継続雇用制度の導入が義務付けられました。

　ただし、改正前に労使協定の定めにより対象者を限定する基準を設けていた場合には、老齢厚生年金（報酬比例部分）の受給開始年齢に到達した者を対象に、12年間の経過措置が設けられています（**図表2-19**。ただし年齢の例示は男性の場合）。

　また、法改正に伴い継続雇用制度の対象者を雇用する会社の範囲が拡大され、定年前まで雇用されていた会社にとどまらず、親会社、子会社、関連会社等のグループ会社まで拡大されました。

　こうした高年齢者の雇用促進を支援する目的で、高年齢者雇用に一定の措置を講じた会社に対する助成金制度「高年齢者雇用安定助成金」が設けられています。2017（平成29）年1月現在、申請できる高年齢者雇用助成金は、

「高年齢者活用促進コース」と「高年齢者無期雇用転換コース」の2種類のコースから構成されています。詳細につきましては、高齢・障害・求職者雇用支援機構のウェブサイト等をご参照ください。

法改正に伴い、多くの会社では高年齢者の賃金は相対的に高く、総額人件費の増大も懸念されるため、定年後の継続雇用制度を選択する会社が多く見受けられます。この場合、定年後の職種、職務、契約期間、就労場所、勤務時間、賃金等高年齢者に合わせて就労環境の整備をし、新たに労働契約を締結する等の対応が必要となります。

働き方は定年前と変わらないにもかかわらず、定年後再雇用による有期労働契約の嘱託社員と正社員との間の賃金の定めが相違していることは不合理であり労契法20条に違反すると嘱託社員が主張した裁判があります。一審では嘱託社員の請求をすべて認め、正社員の賃金の定めが嘱託社員にも適用さ

図表2-19 ■ 雇用継続制度の経過措置

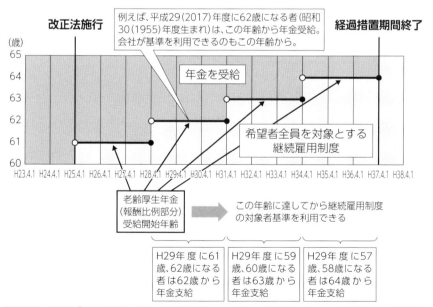

出所：厚生労働省「高年齢者等の雇用の安定等に関する法律の一部を改正する法律の概要」から筆者修正

れるとされたため、定年後再雇用者の労働条件の決定について慎重な対応が求められるとして、注目されていました。

ところが、その後の控訴審においては一審の判決を取り消し、請求が棄却されました。一審での判決は、賃金の相違は「期間の定めであることにより」生じたものであるとした上で、嘱託社員の賃金の定めは不合理であり、労契法20条に違反するとして、請求を容認しました。これに対し、控訴審では、賃金の相違は「期間の定めの有無に関連して」生じたものであるとしながらも、労契法20条で定める不合理であるとは認められず、違法性はないとして棄却されたものです。

労契法20条では、有期労働契約の社員と無期労働契約の社員の間の労働条件の相違が不合理と認められるか否かの考慮要素として、①職務の内容②

図表2-20 ■ 労契法20条による、労働条件の相違が不合理か否かの判断要素

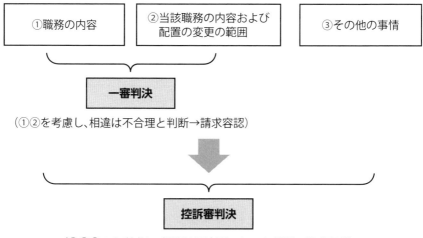

※控訴審では、一審同様①②はほぼ同一ですが、③として以下について考慮しました。
 ・高年齢者雇用の義務化
 ・会社の、若年層も含めた労働者全体の安定的雇用の必要性
 ・在職老齢年金および高年齢者雇用継続給付があること
 ・定年退職金支給後の新たな雇用契約であること

当該職務の内容および配置の変更の範囲の他③その他の事情を掲げており、労働条件の相違が不合理であるかは、上記①および②に関連する諸事情を総合的に判断すべきものとされています。控訴審においては、上記①②だけでなく総合的な判断がなされ、定年後に有期雇用の継続雇用制度を導入するに当たり、定年前後で上記①②はほぼ同一であるが、高齢者雇用が法律で義務付けられたこと、会社は高年齢者だけでなく、若年層も含めた労働者全体の安定的雇用をしなければならないこと、定年後には在職老齢年金制度および高年齢者雇用継続給付があること、定年後の労働契約は退職金を支給した上で、新たに締結するものであることが考慮された結果、一定程度賃金が減額されることは、一般的で社会的に容認されていることであり、賃金の引き下げ自体が不合理であるとは言えないとしています。

今後、上告審において最高裁による統一的な判断がなされることが期待されます。

2 勤務地を限定した社員の事情に合わせた働き方

高年齢者にとって、転居を伴う転勤のある職務は、生活環境や体力面において選択することが困難となるケースもあると考えられます。定年後再雇用あるいは定年延長の60歳以降の社員に対し、本人の希望により勤務地を限定する等、定年前と異なる条件で労働契約を締結することによって、高年齢者の就業環境に配慮すると共に給与体系の見直しも可能になります。ただし、定年前も実質的に転勤を伴わない職務であった場合には、勤務地以外の労働条件（例えば職種や責任の程度、勤務時間等）の変更がない限り、契約期間を有期に変更したとしても、給与の定めを変更することは無効となる可能性もありますので、注意が必要です。

また、本人の希望や健康面に配慮しつつ、勤務地限定正社員制度を高年齢者にも適用することで、高年齢者がこれまで培ってきた技術やノウハウを活

用でき、高年齢者の働き方に対し多くの選択肢が期待できます。

3 勤務時間を限定した社員の事情に合わせた働き方

　高年齢者の就労継続には、勤務地だけでなく勤務時間に対する配慮も必要となります。体力面や家庭環境を考慮し、いくつかの勤務体系を選択できるようにするとよいでしょう。
　例えば、フルタイムでも残業の有無を選択できたり、短時間勤務を選択できたり、あるいは健康や家庭環境により一定の期間だけ勤務時間を変更できるようにするなど、柔軟に対応することで高年齢者にとって働きやすくなります。
　こうした勤務時間の選択は、高年齢者だけでなく女性や障害者等の就労促進にもつながります。正社員として期間の定めなく長く働きたいが、様々な事情により短時間勤務を希望するような社員に対しては、勤務時間限定正社員制度の導入も、高年齢者の活用に加え今後の労働力の確保にも有効だと考えられます。

4 高年齢者雇用への活用事例

　高年齢者雇用に、65歳までの定年延長制度を導入し、勤務地や勤務時間を限定した限定正社員制度も活用しながら、雇用している会社の事例を紹介します。
　A社は、以前定年後再雇用制度として、1年契約の継続雇用制度を導入し、週所定勤務時間の短縮や給与体系を変更するという取扱いをしていました。
　制度導入時、正社員の給与体系は年齢給、勤続給の割合が大きく、定年時に最も給与水準が高くなるような設計がされていました。そのため、60歳の

定年到達前に比べ、給与水準が大幅に下がったため、当時継続雇用制度への希望者も少なく、再雇用制度を見直すと共に、正社員の人事評価制度、給与体系の見直しも行いました。

　まず、正社員に関しては、年齢や勤続で処遇を決定するのではなく、職務と評価に応じた給与決定の仕組みを導入し、退職金制度についても見直しました。

　そして、定年後は5年契約の継続雇用制度を導入し、正社員と同様の人事評価制度とし、給与体系は、雇用保険の「高年齢者雇用継続給付金」や在職老齢年金を活用して新たなテーブルを適用しました。その結果、給与水準は一定程度下がったものの、再雇用者の職務も明確となり、生活保障的な制度ではなく、高年齢者の能力の活用を目的とした制度として、全社員が認識するようになりました。

　また、勤務地に関しては、同社はすべての正社員に対して、転勤のある正社員と勤務地限定正社員の2つの区分があり、入社時だけでなく、入社後も随時、雇用区分の変更を申し出ることが可能となっています。この制度を定年後再雇用の社員にも適用することで、どの年齢に対しても柔軟な働き方が実現できています。

　さらに、勤務時間に関しては、定年後再雇用の社員も原則他の正社員と同様にフルタイムとしていますが、健康上の理由や家族の介護等の理由でフルタイム勤務が困難な場合には、その事由が消滅するまでの間、短縮勤務を認めています。同社の事例のように、特別な事由に応じて短時間勤務を可能にするという制度は、特に高年齢者の雇用をしていく上では必要となります。

　事例のA社では、人口減少に伴い労働力が減少する中、元気な高年齢者の活用を積極的に行うことにより、人材確保につなげています。法令へ対応すると共に、定年後に有期労働契約で再雇用する制度だけでなく、限定正社員制度を導入することで高年齢者の労働力を最大限に活用することが可能になると考えられます。

　また、労働力の確保という観点からも、高年齢者だけでなくすべての社員

を対象に勤務時間限定正社員制度導入の検討が望ましいといえるでしょう。

第7節
女性の活躍支援への活用

1 女性の活躍推進の必要性

　わが国は急速な少子高齢化の進行により人口減少社会を迎え、人口減少に伴う将来の労働力不足が見込まれる中、潜在的な能力を有する人々の労働市場への参加の促進が求められ、就業を希望するものの就業できていない女性は大きな潜在的労働力となっています。

　しかしながら、総務省統計局が公表した「平成28年 労働力調査」[2]によると、平成28（2016）年において就業者全体に占める女性の割合は45.4％であり、その内訳を見ると、正規雇用が1,042万人（女性の雇用者に占める割合は44.1％）、非正規雇用が1,367万人（女性の雇用者に占める割合は55.9％）と、半数以上が非正規雇用となっています。また、正規雇用と非正規雇用を年齢階級別に見ると、正規雇用は結婚や第一子の出産を機に離職した後、正規の社員としてはほとんど再就職しない傾向があり、一方で非正規雇用は子育てが一段落した年齢で増加する特徴が見られます（**図表2-21**、**図表2-22**）。

　女性の就業および女性の活躍のためには、働くことを希望する1人ひとりの女性が個性と能力を十分に発揮できるよう様々な阻害要因を取り除いていくことが必要であり、"女性の活躍推進"は喫緊の課題となっています。

---
[2] 「労働力調査（基本集計）平成28年（2016年）平均（速報）結果の概要「雇用形態、年齢階級別役員を除く雇用者の推移」」の数値を使用しました。

図表 2-21 ■ 女性の年齢階級別労働力率の世代による特徴（雇用形態別）

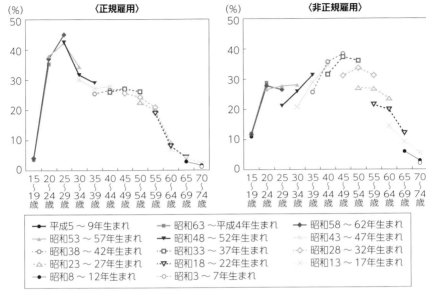

出所：内閣府男女共同参画局『男女共同参画白書 平成25年版』

図表 2-22 ■ ライフイベントによる女性の就業形態の変化（平成23年）

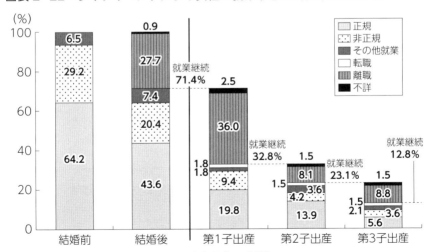

出所：内閣府男女共同参画局『男女共同参画白書 平成25年版』
※結婚前に仕事ありの女性を100としている。

2　女性が活躍する就業環境作りのポイント

　雇用の分野において、働く人が性別により差別されることなく、かつ、働く女性が母性を尊重されつつ、その能力を十分に発揮できる雇用環境を整備するために男女雇用機会均等法が制定されてから30年が経つものの、現在もなお、採用・配置・育成等、あらゆる側面において男女間の実質的格差があり、その根底には「性別役割分担意識（男は仕事、女は家庭等）」があると言われています。

　このような状況を踏まえ、女性が活躍できる社会を実現するため、女性の活躍推進の取り組みを着実に前進させるべく、「女性活躍推進法」が2016（平成28）年4月1日から施行されています（**図表2-23**）。

　女性が活躍する就業環境を作るためには、女性の継続就業が可能となる制度の構築や女性のキャリア形成を支援すると共に、性別にかかわらない採用・配置・育成等を通じ、1人ひとりの女性の働き甲斐を高めることが重要と言えます。

3　女性活躍への活用事例

　女性が能力を高めつつ働き続けることができる就業環境の構築を実現させるためには、自社における女性の就労実態（採用者数、勤続年数、昇進の機会等）を知ることが第1段階です。一般的には、就業を継続することによって形成されるキャリアやスキル等が職位や給与等の決定と密接に結び付いていることが多く、同時に、管理職への登用の前提とされています。

　そもそも、管理職の候補となり得る人材として男性よりも絶対数の少ない女性が、出産・育児等をきっかけに一旦仕事を離れてしまえば、キャリアやスキル等において、ライフイベントにかかわらず就業を継続することが多い

図表2-23 ■ 女性活躍推進法の概要

		概要
(1) 目的		女性の職業生活における活躍を迅速かつ重点的に推進し、もって男女の人権が尊重され、かつ、急速な少子高齢化の進展、国民の需要の多様化その他の社会経済情勢の変化に対応できる豊かで活力のある社会を実現することを目的とする
(2) 基本原則	①	女性に対する採用、昇進等の機会の積極的な提供およびその活用と、性別による固定的役割分担等を反映した職場慣行が及ぼす影響への配慮が行われること
	②	職業生活と家庭生活との両立を図るために必要な環境の整備により、職業生活と家庭生活との円滑かつ継続的な両立を可能にすること
	③	女性の職業生活と家庭生活との両立に関し、本人の意思が尊重されるべきこと
(3) 会社が行うべきこと	①	自社の女性の活躍状況を把握し、課題分析を行うこと
	②	把握状況、課題分析を踏まえた行動計画を策定、届出、社内周知、公表すること
	③	自社の女性の活躍に関する情報を公表すること

男性との差が大きくなることが想定されます。このような女性の活躍の阻害要因と考えられる課題を把握した上で、女性の継続就業やキャリア形成が可能となるしくみ作りが第2段階と言えます。

(1) **女性のキャリア形成への活用**

例えば、出産・育児期に時間的な制約がある中で、「短時間勤務のしくみ」や「フレックスタイム制」を活用できるようにする、といった柔軟な働き方を選択できる両立支援のしくみは有効であると考えられます。育児中に短時間勤務であっても継続就業することで、中長期的なキャリアを積むことができ、また、仕事と家庭の両立が見込まれることで、女性の昇進意欲が高まり、将来の管理職候補として期待されます。

図表2-24 ■ 女性の活躍に向けた就業環境の構築

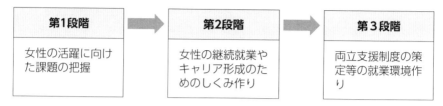

(2) 継続就業を断念した女性の再チャレンジ（カムバック）への活用

　例えば、第一子の出産を機に離職した女性が、育児が一段落して再就職を希望する場合に、再び同じ職場で働くことができる再チャレンジ（カムバック）のしくみがあれば、意欲や能力のある女性を活かすことができ、人材確保の観点からも有効な措置と考えられます。この場合、ライフイベントにかかわらず就業を継続することが一般的な男性と比べてキャリアを積むことができなかった場合でも、職務を限定し、やりがいを感じつつ、仕事の達成感や成長を実感して特定の職務のスペシャリストを目指すことができるしくみは有効であると考えられます。

　このような、勤務時間や職務の限定を組み合わせる等して、利用しやすい仕事と家庭の両立支援制度を策定し、女性が活躍することができる就業環境作りが第3段階と言えます。

第8節
人材採用戦略への活用

1　昨今の採用市況と各社が抱える課題

　2017（平成29）年現在、アベノミクスや東京オリンピック開催の影響を受けて、日本経済は活気を取り戻しつつあると言えます。それに伴って、いわゆる有効求人倍率も年々ゆるやかな上昇を続けています。その結果、採用マーケットはいわゆる「売り手市場」と呼ばれる状態となっており、これまでと変わらない採用手法では良い人材を確保するどころか、母集団を形成することも難しい状況となっています。

　新卒採用・中途採用共にマーケットに存在している限られた求職者を取り合っている状況であるため、これまでと同じ手法、同じマーケットに働きかけをするだけでは必要数の採用ができず、根本的な採用戦略自体を見直さざるを得ない状況に追い込まれています。

　その一環として最近取り上げられているのが、「限定正社員の採用」です。これまでの採用活動では、勤務地、勤務時間、職務内容、いずれにおいても原則入社者に選択の権限はなく、いわゆる「無限定正社員」として、労働条件は会社からの指示に従うという考えが一般的でした。

　しかし昨今、深刻になる採用難、一方で業務は増え続け、今後はさらに少子高齢化による労働力不足も想定される中、採用する側に根本的なパラダイムシフトが求められています。

　市場にいる限られた候補者を会社同士が取り合っている状況ですから、なんとかして差別化をして採用力を強化していかねばなりません。画一的であった働き方を極力柔軟に、働く側に選択権を持たせることで、どれだけ差別化を図ることができるかが採用成功のカギと言っても過言ではありません。

働き方改革という側面では、日本は諸外国に比べて大分遅れを取っていると言われて久しいですが、今はまさにその過渡期と言っていいタイミングでしょう。

2 限定正社員を想定した採用ターゲットの拡大

本節第1項にて、「根本的な採用戦略の見直しが必要である」と書きましたが、具体的にどのように採用戦略を見直せばよいか考えていきます。

視点はいくつかありますが、最も重要なのは、採用ターゲットを拡大することです。これまでは多くの会社が、年齢、学歴、職歴等の基準で採用活動を行ってきました。前提としては、勤務条件や働き方に制限のない「無限定正社員」としての採用です。これからは同じ条件で募集を掛けても、市場に人がいないのですから同じ数は集まりません。これまではターゲットにしていなかった層、例えば主婦層や高齢者層、未経験者や地方での採用など、新しい可能性をスピーディに模索していかなければなりません。

また、勤務条件や働き方に制限のある方を戦力にするということは、長時間労働や性別による業務分担等、これまでの習慣や文化をも大きく変えてい

図表2-25 ■ 採用ターゲットの拡大が求められる

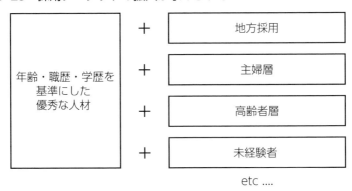

く必要が出てきます。「結局、24時間働けないとやっていけない」という社内環境のままでは、社員の戦力化どころか、退職にもつながる可能性が出てきて、負のスパイラルにつながります。

　様々な制約、価値観を持った社員それぞれが能力を最大限発揮できるように環境を整えることが理想です。

3　求職者に対するメッセージの打ち出し方のポイント

　一昔前までは、採用活動において募集を行うというと、インターネット上の採用媒体を使う会社が多数を占めていたかと思いますが、現在の採用手法は日々多様に変化しています。SNSでの発信はもちろん、スカウトメール等で直接求職者に働きかけるダイレクトリクルーティングや、社員から積極的に紹介を募るリファーラルリクルーティング等、採用手法は日進月歩で変化していっていると言っても過言ではありません。

　このような時代ですから、必ずしも多額のコストをかけなくても、工夫次第では、会社側から強みを発信することは可能であると言えるでしょう。積極的に打ち出していただきたいポイントは以下の通りです。

① 自社が画一的ではなく、多様な働き方、価値観を尊重している会社であること
② 女性社員に対しては、結婚、出産後のことまで視野に入れて制度を整えていること
③ 地元志向の社員に対しては、「地域での安定した生活基盤を図りたいというニーズ」に対応できること

　これらのポイントを打ち出すには、社内の様々な制度を見直し、整える必要があります。例えば、「優秀な女性を採用したい」と考えている会社は多い

かと思いますが、同じ条件・仕事内容だった場合、妊娠・出産支援の制度が整っている会社に対して意欲が高まることは間違いないでしょう。時短勤務やフレックスの導入は昨今大分浸透していますが、女性割合が多く主力になっているような会社では、採用強化の一環として、認可外保育園料やベビーシッター代の補助、社内に保育施設を設置しているような事例もあります。もちろん、このような場合、ある程度コストがかかることも想定しなければなりませんが、優秀な女性社員に訴求できることに加え、在籍している社員の満足度にもつながることを考えれば、その投資効果は大変高いものとなるでしょう。人材マネジメントに力を入れている会社は、上記のように、大きなリターンがあることをよく理解した上で、社内の制度・風土作りに必ずと言っていいほど優先的に取り組み、あらゆる媒体でその点を求職者に伝えています。

　採用活動において他社と差別化を行う為にも、制度を整えた上で、ぜひ上記のようなポイントを打ち出してみてください。

4　新卒採用の事例

　新卒採用の説明会等で学生と接触する際、よく出る質問が「転勤はありますか？」というものです。社会に出ることに対しての不安に加えて、知らない場所への転勤があるか否かは、学生にとって大きな関心事項のようです。

　例えば全国展開しているある会社（建築関連業）の場合、原則は全国勤務可能という前提ですが、勤務地限定という制度を用意しておいて、「地域に残りたい事情が発生した時に選択できる」ことを最初の接触の段階で伝えています。

　また、全国に店舗展開しているある会社（アパレル業）では、転勤のない地方限定正社員をエリア社員と称し、「店長として活躍して地方を盛り上げてほしい」と、店舗内でアナウンスしているといった事例もあります。

　これらのようなアプローチは学生にとって大きなイメージアップと安心感

につながるでしょう。上記は「勤務地限定」の例になりますが、「勤務時間限定」「職務限定」も含め新卒社員に対する「限定制度」の適用の仕方は、大きく分けて以下の3パターンが考えられます。

① 入社時から限定か否か選択させる
② 入社時は全員同じ条件とし、一定の期間経過後に選択させる
③ 「出産・介護が発生した場合」のように、具体的に要件設定をして、必要な場合のみ適用する

　上記のいずれの方法を導入するかは、新卒社員の人数や、人事方針にもよりますが、特別な事情がある場合のみだけではなく、本人の価値観を尊重してあげたいという場合には、①を導入するのがよいでしょう。一方、制度自体はあるものの、なるべく社員の労働条件は同じにする方針であれば、③を導入するのがよいでしょう。いずれにしても、会社としては社員の多様な働き方を支援する為に、制度を整えているという点をしっかりと伝えてください。
　日本では新卒採用は同時期にほぼ一括採用で行われることが多いですが、学生の価値観は時代と共に大きく変化してきています。がむしゃらに働いてキャリアを積みたいという学生もいれば、ワーク・ライフ・バランスを大事にしながら長く働きたいという学生もいるでしょう。人材の確保、長期的な定着まで視野に入れた際、上記のようなメッセージを打ち出し、学生に入社後のイメージ・安心感を持たせることで他社との差別化につなげることができるでしょう。

5　中途採用の事例

　新卒採用では、コースを選択するのに一定の期間を設ける方法もあると説

明しましたが、中途採用の場合は採用面接の段階で、本人の意思を確認し、入社のタイミングからコースを分ける方法がスムーズでしょう。

　勤務地・勤務時間限定のそれぞれを同じタイミングで導入したあるメーカーの事例をご紹介します。同社は女性向けの商品を主な商材としていることもあり、女性の活躍推進には非常に熱心な考え方を持っていました。本社は東京にありますが、事業拡大に伴い採用を強化しようと考えたものの、東京では採用市況も厳しく、ターゲットとする人材を確保することが難しい状態が続いていました。そんな中、子育て世代の流入が増えて、雇用の創出が課題であった関東のある自治体が、各社のサテライトオフィス開設を誘致することで、女性の活躍、特に子育てで離職を余儀なくされている母親の支援を後押ししているという情報を入手し、その地にサテライトオフィスを開設したのです。

　採用は原則現地の市内在住の女性を採用、勤務時間は本人の環境に合わせて、通常の勤務時間、勤務時間限定のいずれかを選択できる形にしました。子育て世代が増加している為、「子育て中は時間の制約があるが、仕事はしたい」と考えている女性からの応募が大変多く、会社と応募者、それぞれの希望がマッチする状況となり、8名の新規入社者と共にサテライトオフィス開設の運びとなりました。地方での採用は、通勤時間が短く、転勤もないという前提ですので、子育てをしながらでも十分に仕事の時間を確保することができ、現地の社員は高いモチベーションを維持しながら勤務にあたっていると聞きます。

　結婚や子育てを機に仕事から離れる女性は多くいますが、もし本人に勤労意欲がある場合は、会社、本人、双方にとって大きな機会損失となります。上記のように、雇用創出や子育て世代のサポートのような目的で、会社の誘致を行っている自治体の例も、参考になるのではないでしょうか。

第3章
制度設計前の準備・基本制度の設計

第1節
制度設計のフロー

1　制度設計者（チーム）の役割

　人事や労務に関わる諸制度が他の社内制度と大きく異なる点は、社員の誰もが当事者であるという点です。しかも、給与や働き方に関わる領域でもあるため、社員との密接度や影響度は他の社内制度より大きいと言えます。

　制度設計者は、当事者としての自己の情報や思いと合わせて少なからず他の社員の情報を持っています。ここで言う社員の情報とは現行制度に対する個人の不満や要望等の感情なども含みます。このような社内情報は、客観的視点が重要な制度設計において必要な要素であることは確かですが、その情報源や入手背景、または情報の内容によっては客観性に乏しくなり制度設計が偏ったものになってしまう可能性があります。

　制度設計は、全体最適の考えを最上位に位置付けなければなりません。また、設計のプロセスにおいては、その大前提が守られているかのチェック機能が重要となります。そして、そのチェック機能は、制度設計者に求められます。特に制度を構成する要素が多岐にわたる場合においては、全体最適の視点に基づくチェックが制度設計者に求められる非常に重要な役割となります。

　人事や労務に関わる諸制度は、経営層の意向を受けて新制度を設計する

ケースと、管理部等の人事所管の部門が経営層に問題提起を行い、その問題解決を目的として設計するケースの2つのパターンがあります。前者のパターンはもちろんのこと、後者のパターンにおいても定期的に進捗報告含め経営層への方針確認が必要です。

人事政策に関わる事項は、経営課題です。経営戦略や事業計画など全社方針策定の場面においては必ず人事上の政策が議論されることになります。設計者には、社員情報を有益な材料としながら、経営的視点と中長期的視点に基づいた制度設計の役割が求められるのです。

2 制度設計着手前の注意点

(1) スケジュールの検討
 ① 制度導入時期の確認

  制度設計に際してまず検討すべきはスケジュールです。この時点で注意すべき時間軸は"いつ制度を導入するのか"になります。

  導入時期は、制度導入の目的に影響を受けます。例えば、「採用力の早期強化」が制度導入目的であった場合で、かつ新卒採用を実施している会社については、採用活動の開始時期前に制度が完成していなければ次年度の採用計画や人員配置、その後の育成計画にまで影響を及ぼすことになってしまいます。即戦力確保を意図した中途採用についても同様のことが言えます。転職市場の人材は日々流動しています。新卒採用以上に限定正社員制度が人事戦略上重要な役割を担うケースがありますので導入時期については関係者への事前確認が必要となります。

  制度導入時期については、"何を目的としていつまでに導入しなければいけないのか"の観点が求められます。特に経営層の意向を受けて制度設計に着手する場合は、目的と導入時期の関係性が強い場合が多いので要注意です。

図表 3-1 ■ 制度導入までのプロセス

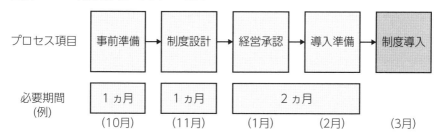

② 導入までのプロセス確認

制度導入までの間に辿るべきプロセスは、主に「事前準備」、「制度設計」、「経営承認」、「導入準備」の4つになります。そして、前述の導入時期の注意点を念頭に置きながら各プロセスに要する期間を設定します。

ここでのポイントは、「経営承認」と「導入準備」になります。会社の意思決定機関、およびこの種の議題を意思決定するまでに要する時間は、予め確認をしておく必要があります。

また、導入準備の期間についても同様です。制度の内容にもよりますが、文書の配布だけではなく口頭による説明会が必要な場合は、一定の期間を要することになります。特に営業所や工場など拠点が複数ある場合は、業務繁忙時期の回避等の注意が重要です。

導入時期だけではなく経営承認や導入準備は、制度設計者（チーム）のコントロールが困難な期間となります。事前準備や制度設計に使える期間を確保するためにも早めの把握が必要です。各プロセスに要する期間を把握した後は、課題や作業の洗い出しを行い、その課題に時期や実施期間を設定します。時期や期間を入れ込むことで策定しているスケジュールの実行可能性が見えてくることになります。

(2) PDCAサイクルの徹底

事前準備や制度設計を複数人で実施する場合は、進め方や考え方をメン

バー間で共有しておく必要があります。

　制度設計を進めていくうちに徐々に視野が狭くなり部分的な問題解決に固執してしまうようなことがあります。その問題解決策が全体の制度導入の目的や方針と合致していればよいのですが、実際にはミスマッチや矛盾を生じさせてしまっていることが多々あります。特に制度設計が広範囲におよぶ場合にこの種の事態は随所に起こり得ます。また、自社で制度設計をする場合においてもこの事態は起こりやすい傾向にあります。

　限定正社員制度のみならず人事に関する制度は、本節の冒頭でも触れたように社員が当事者です。また、制度設計に際して直面する諸問題については

図表3-2 ■ PDCAサイクルの例

| Plan
課題の設定 | Do
課題の実行 | Check
検証 | Action
修正 |

PLAN（課題の設定）
限定正社員制度設計に必要な課題は何か？
・資格等級制度の見直し

DO（課題の実行）
勤務地限定正社員と全国転勤社員に等級上限差を設定
・資格等級制度の見直し

CHECK（検証）
人材の活用と営業拠点の拡大という方針に合致しているか
・エリアマネージャーという役職登用の可能性を検証

ACTION（修正）
エリアマネージャーの役割確認
・資格等級制度への反映

特定の社員個人に関わることが多いのも事実です。そして、その問題に社員の顔や声が重なるとたちまち全体が見えなくなり、その問題解決へ固執してしまうことがあるのです。

　設計者には全社的視野と将来的視点による人事戦略に基づいて設計する姿勢が求められます。この姿勢を設計プロセスにおいて維持するためのツールとして「PDCAサイクル」があります。このPDCAサイクルは、制度設計に必要な課題を明確にし、その課題に対する作業と全体の方向性との整合性を検証し、ズレが生じている場合は軌道修正する機能を持っています。

　全体の方向性を基準に置き、制度設計に必要な各課題をPDCAサイクルに乗せるという手法は無駄な作業や時間が省略できるという効果があります。また、制度設計に複数の者が関わる場合は、設計プロセスにおける考え方の統一という点においてもプロジェクトの進行を有意義にします。

3　制度設計の全体像

　限定正社員制度は、**図表3-3**のフローに基づき課題を設定し、設計することになります。

　制度設計を通して共通していることは、「的確な課題の設定」です。課題とはすなわち「すべきこと」です。この課題の実行が、制度設計においては何よりも重要なアクションになります。課題の実行は、制度の実現性と合理性を検証し、是非を判断する作業です。検証や正当な判断がないイメージだけの制度策定は、実態に合った制度とはなり難く、継続性という面においても不安が残るものとなってしまいます。

　全体像は、フローの確認だけではなく各フェーズにおける「すべきこと」の確認の観点で見渡す必要があります。

図表3-3 ■ 制度設計の全体像

事前準備フェーズ	制度導入目的の共有
	現状分析

設計フェーズ	制度導入の目的明確化
	基本制度の設計
	関連制度の検討と設計
	経営承認

導入準備フェーズ	ドキュメントの作成
	社員説明
	制度運用上の注意点確認

4 事前準備フェーズ

(1) 制度導入目的の共有

ここでは、まずどのような経緯で制度導入に至ったのかを整理します。

人事制度にかかわらず社内諸制度の改定や、新規導入の動機には大別すると以下のような背景があります。

- 現状発生している問題への対応
- 目指すべき姿（経営方針）の推進手段
- 外部環境変化の対応

「現状発生している問題」の出所は、多くの場合社員の声です。その声が要望なのか、不満なのかで問題の性質は変わりますが、いずれにしてもこの問題の内容については、事前準備の段階で関係者の共有事項にしておかなければなりません。ここでの共有事項は、次の課題である「現状分析」と密接に関わってきます。

「目指すべき姿」とはすなわち経営メッセージです。例えば地域密着型の事業運営を経営方針とした場合、地元採用は必須アクションプランであり、勤務地限定正社員制度は地元採用を進める上での必須アイテムということになります。このように経営方針の推進手段として制度の導入等を実施する場合は、当然ながら経営方針との整合性がチェックポイントとなります。

「外部環境変化の対応」として社内制度を導入するケースもよくあります。外部環境変化の最たるものは、法律です。限定正社員制度で言うと「女性活躍推進法」の施行が制度導入の契機になっているケースが多いようです。

限定正社員制度の導入においては、上記3つの背景のうち、必ずしもどれか1つを動機とするものではありません。現状分析の前の段階でそもそもの動機を整理しておく必要があります。

(2) 現状分析

ここでは、事前入手情報も含めて現状の実態を把握し、問題があればその問題の原因を分析します。現状分析は、限定正社員制度の導入検討に当たり、現行人事制度および、人事・労務管理上の問題点を客観的に探ることを目的として実施します。

限定正社員制度は、社内の人事制度の中で独立して存在するものではなく、現在施行されている人事制度を土台として設計することになります。そのため現行人事制度の現状分析と問題点の把握は必須となります。

また、人事制度の領域外である組織体系や労務管理上の実態についても現状分析において把握する必要があります。特に労務管理上の問題については、社員の「働き方」に直結する部分であり、制度分析だけではなかなか問題点

が見えない領域でもあります。

　現状分析実施において欠かせない作業は、社会一般の情報の収集や比較になります。限定正社員制度における現状分析で言えば、他社の導入状況や法的な制約、行政施策などが、現状を客観的に把握する上で有益な情報となります。

5　設計フェーズ

(1) 制度導入目的の再確認と明確化

　ここでは事前準備フェーズで共有した目的の再確認を行います。特に前フェーズの現状分析で把握した現状の問題点と予め共有していた問題点を精査する作業がこのフェーズでの主な課題となります。

　具体的には、抽出された問題の解決を今回の目的の1つにするのか否かを現状分析の結果をもとに検討・決定します。

　制度の導入は、目的達成のために実施します。また、目的の明確化は設計者にとっての拠り所となるものです。制度設計がブレないためにも目的の明確化は徹底しなければなりません。

(2) 基本制度の設計

　ここでは、制度の骨子を設計します。制度導入の目的が最も深く関わる領域です。

　限定正社員制度の制度導入の目的が明確になると限定正社員制度の中で"何を限定とするのか"が自ずと決まります。人材の確保を目的とした場合は、「勤務地の限定」が不可欠となりますし、女性の活躍推進を目的とした場合は、勤務地限定に加えて「勤務時間の限定」が必要になるかもしれません。

　限定正社員制度は、人事制度を土台とするものであることは前述した通りです。勤務地限定も勤務時間限定も人事制度の枠組みの中でその要素を組み

込むことになります。具体的には、等級制度や給与制度の見直しがこのフェーズでの基本設計になります。また、勤務地や勤務時間が限定されることにより職務の変更が伴うような場合は、人事評価制度の見直しもこのフェーズで検討することになります。

(3) 関連制度の検討と設計

ここでは、基本制度に関わる周辺領域について関連性を精査し、必要に応じて検討・設計することになります。

勤務地や勤務時間が限定となると、処遇面の取り扱いが課題となります。給与制度のあり方は、基本設計の中で検討することになるわけですが、関連制度として検討範囲に含めておきたい処遇として退職金制度があります。退職金を単純に勤続功労と位置付けている場合は、退職金の見直しは不要かもしれませんが、勤務時間限定の場合などは休職者との公平性維持の観点から見直しが検討課題になることもあります。

また、勤務地限定の制度は、人員の適正配置に制約を生じさせることも想定されます。そして、その解消策として転勤可能者の転勤頻度が上がることがあります。その現象が想定されるのであれば、転勤支援制度の充実も関連制度として検討範囲に含める必要が出てきます。

(4) 経営承認

ここでは、設計した制度そのものについて経営者からの承認を得ることになります。

会社の規模や意思決定機関にもよりますが、経営承認は一度で得られないと想定しておいた方がよいです。一方でスケジュールの関係もありますので、経営承認を得る回数はなるべく少なく抑えておきたいという思惑もあります。そのような場合、事前に経営意向の確認などの調整が不可欠となります。特に制度導入の目的が目指すべき姿（経営方針）の推進手段の場合、事前の意向確認は重要なアクションということになります。

6 導入準備フェーズ

(1) ドキュメントの作成

ここでは、制度導入または運用にあたって必要なドキュメントを作成します。

制度導入に必要な具体的なドキュメントは、社員説明用の資料、給与規程や人事制度関連規程です。制度は、継続性を前提としています。そして、継続性を担保する手段が規程等ドキュメントということになります。

(2) 社員説明

ここでは、制度の当事者である社員への説明を実施します。

社員説明で伝えるべき事項は、当然制度そのものの内容になります。加えて制度導入の目的については制度の理解を深めるためにも必ず伝える事項となります。特に制度導入の目的が目指すべき姿（経営方針）の推進手段の場合は、経営方針と合わせて伝えます。なお、説明会時の社員からの質問については、その場で回答せず、後日まとめて発信するという手法も考えておいた方がよいかもしれません。特に社員説明を複数回実施する場合は、各回の回答に矛盾を生じさせないためにもこの種の手法が有効となります。

(3) 制度運用上の注意点確認

最後に制度導入後の運用について取り決めをしておきます。

目的達成を最上位に置き、全体最適で制度設計をすると、個別事情に対する漏れが生じることがあります。個別事情への対処はなるべく少ない方がよいのですが、もしどうしても対応せざるを得ない場合は、運用上の注意点として内規化しておく必要があります。同種の個別事情は将来においても別ケースで発生することがあります。制度管理者が将来もずっと同一人物ということはほとんどありません。制度管理者が変わっても対応に矛盾が生じないようにしておく措置が制度設計者には求められます。

第2節
現状分析

1　現状分析の実施目的

　現状分析は、**図表3-4**にある①・②の課題の実行により制度導入の目的を明確にするために実施します。

　現状分析実施時点では、今回の制度導入の目的が設計メンバーで共有されている状態にあります。現状分析では、その目的の適正さを検証し、そして潜在的な問題点を抽出します。

　現状分析は、前節で言うところの事前準備フェーズに当たります。事前準備をしっかりすることで目的にブレがなくなり、その後の制度設計における課題が見えてきます。課題の把握は、おおよその作業量の予測を可能にします。そして作業量の把握は、スケジュールの妥当性検証と進捗管理につながります。

図表3-4 ■ 現状分析の実施目的

```
┌─────────────────────────────────────┐
│      現状分析での課題（やるべき事）      │
└─────────────────────────────────────┘
┌──────────────────┐  ┌──────────────────┐
│ ①　事前に共有した  │  │ ②　事前共有以外の │
│ 「制度導入目的」の裏付け │  │ 「現状問題点」の抽出 │
└──────────────────┘  └──────────────────┘
```

```
┌─────────────────────────────────────┐
│         制度導入目的の明確化           │
└─────────────────────────────────────┘
```

図表3-5 ■ 現状分析の役割

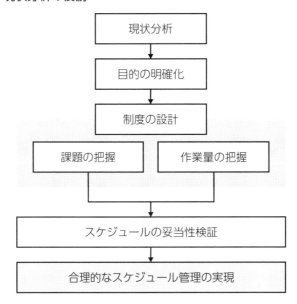

　現状分析は、制度導入の目的を明確にするだけでなく、制度導入に向けてのプロセスの進行に対して大きな役割を担っています。ここを疎かにしたまま見切りスタートをしてしまうと、課題（やるべきこと）の範囲が明確にならずに結果として不要な作業に時間を割いてしまうという事態に陥ってしまいます。現状分析は、スケジュール管理の面においても重要な役割を担っているのです（**図表3-5**）。

2　事前に共有した「制度導入目的」の裏付け

　現状分析は、世間動向など"外部情報"を切り口とした分析と社内における"内部情報"を切り口とした分析の2方向により実施します。
　ここでは事前に共有した限定正社員制度導入の目的を仮に「女性の活躍推

進」とし、その目的の適正さを裏付けていくことで現状分析を進めていきます。

まず、「女性の活躍推進」という限定正社員制度導入の目的を切り口として外部情報を収集します。外部情報の最たるものは「行政方針」です。特に経営層から制度導入の目的が示された場合は、世の中の流れを意識した場合が多いため行政方針の精査は必須の作業となります。特に限定正社員制度においては、国が掲げる「女性活躍推進」の実行策として位置付けているという背景もあるため、行政方針は非常に有益な外部情報と言えます。

また、行政方針は客観性と権威の両方を持ち合わせた情報でもあるため、社内における限定正社員制度の理解を高めるという意味でも高い効果を発揮します。さらにその理解に納得度を付与するためには、行政方針のねらいも合わせて収集する必要があります。

ここで挙げる「女性活躍推進」という行政方針には、大別すると以下の3つの社会的なねらいがあります。

- 社会活力の向上
- 労働力不足への対応
- ダイバーシティ経営の促進

次にこの3つの外部情報を切り口に内部情報分析の切り口を説明し、自社問題を抽出していきます。

3 現状分析の実施

(1) 「社会活力の向上」から見える自社問題の抽出

「社会活力の向上」は、女性を中心として「働きたくても育児や介護等があり労働条件のミスマッチを起こして働く場所がない」といった事情の解消を意図したものです。実際日本の女性就業率は、主要先進国の中でも下位に位

置しています。女性の社会進出の阻害要因が日本の会社が用意する働き方にあるのであれば、その働き方の選択肢を広め労働条件のミスマッチを解消する取組みが必要ということになります。要は社会進出を望む女性の就業率向上が社会活力の向上には不可欠という構図です。

　内部情報分析では、この外部情報（社会活力の向上）を自社に当てはめて考察します。

　具体的な分析手法は、社員へのインタビューとなります。現役の社員へのインタビューとなりますので、「働く場所がない」という外部情報の直接的な裏付けにはなりませんが、仕事と生活の両立の実現性という面での将来不安については、現状把握が可能です。インタビューの結果により潜在的な将来不安が把握された場合、外部情報である「社会活力の向上」に通ずる問題、すなわち「組織が活性化されていない」という問題が社内に存在することが推察されます。つまり、将来見通しに不安を抱く社員が多くいる中では組織活性化は望めないということです。

　さらに客観的な分析手法として、制度分析があります。現在社内に存在している制度下で安心した仕事と生活の両立が許容できるかを分析します。例えば転勤ありきの人事政策下においては、会社から期待される能力発揮が難しいという事情がある社員がいるかもしれません。もしかしたら転勤発令前に結婚退職という選択をした社員が過去にいたかもしれません。この場合、社員に選択権がないキャリア制度そのものが女性の就業率を引き下げていることになり、そして組織活性化の阻害要因ということになります。

　現状分析の結果、外部情報の「社会活力の向上」の縮図として自社で「組織活性化」が問題提起されるのであれば女性の就業率向上をねらいとした、社員に選択権があるキャリア制度の構築という取組み課題は、組織活性化という問題についても有効ということになります。

　図表3-6は、行政方針である女性活躍推進のねらいである「社会活力の向上」と現状の自社の問題である「組織活性化」をすり合わせてみた場合の図となります。

図表３-６ ■ 行政方針と自社組織活性化との関係性

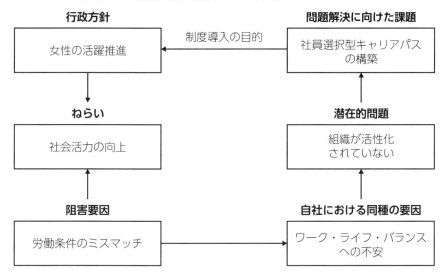

(2) 「労働力不足」から見える自社問題の抽出

　女性活躍が推進される背景として「労働力不足」があります。少子化問題の解決道筋が見えない中で今後ますます労働力不足が深刻になってくると言われています。行政としては、女性の活躍を推進することで結婚や育児等のライフイベントを理由とした離職を防ぎ、そしてやむを得ず離職した女性の社会復帰を促進することで、労働力不足の問題に対応していこうという方針を掲げています。

　内部情報分析では、前述の「社会活力の向上」同様に自社にこの現象が当てはまるかを検証することになります。この検証で重要な視点は、自社の労働力不足は、「人員の不足」なのか、「人材の不足」なのか、それともその両方なのかです。

　具体的な分析手法は、残業時間および過去の男女別退職者数の調査、クレームやミス等の品質調査になります。また、それらの結果を補完するデータとして役職者の滞留年数も有益な情報になります。残業時間の増加は、主

に人員不足を意味し、クレームやミスの多さは、人員不足と人材不足の両面を表す傾向があります。

仮に「残業時間は多いが、ミスやクレームは少なく品質面は良好、それでいてパートタイマーを含む女性の退職者が多い」という結果であった時、その場合は人員不足が問題ということになります。品質面は良好ですので、役職者のマネジメントに問題はなさそうですが、もしかしたら女性の生活サイクルに配慮がない職場の雰囲気という構造的要因があるかもしれません。会社としてこの職場の雰囲気を良しとせず、改善すべきと考えるのであれば、会社の考え方を明確に形に示した制度の構築が課題となります。また、この課題はあくまでデータ分析による仮説であるため、社員インタビューやアンケートにより裏付け調査が必要ということになります。

図表3-7は、行政方針である女性活躍推進のねらいである「労働力不足への対応」と現状の自社の問題である「人員不足」をすり合わせてみた場合の図となります。

図表3-7 ■ 行政方針と自社の人員不足との関係性

行政方針		問題解決に向けた課題
女性の活躍推進	← 制度導入の目的	勤務体系の見直し
↓		↑
ねらい		**潜在的問題**
労働力不足への対応		配慮のない職場雰囲気
↑		↑
そもそもの背景		**自社における同種の背景**
労働人口の減少	→	人員不足

(3) 「ダイバーシティ経営の促進」から見える自社問題の抽出

　「ダイバーシティ」とは多様な価値観の受容と活用のことです。そして日本の会社は、長らくこの取組みを苦手としてきたと言われています。

　年功序列や終身雇用に代表される日本独自の雇用形態は、経済の高度成長や安定成長を背景とした慣習でした。そして、会社成長の動力は、家父長的な組織下におけるトップダウンによる経営方針と当該方針の全社浸透と実行にありました。

　過去の延長による成長が終焉を迎えた現在においては、従来にない価値観や発想により新たなビジネスチャンスを創出するイノベーションへの取組みが最優先課題となっています。そして、イノベーション促進には危機感の欠如に対する警告の意味もあります。

　日本の女性管理職登用が先進諸国と比べて非常に遅れていることからもわかるように従来の日本の会社経営における女性の役割は、基幹業務の補助であり、定型業務が大半であったことは否めません。限られた業務の中で新たな価値観や発想の醸成を期待する事は難しく、また発信する機会がなかったということも日本型経営の特徴かもしれません。

　現在の経済環境の中では「変革なくして会社成長なし」と言われています。また、変革は多様な価値観から生まれるとも言われています。変革をもたらす価値観や発想は、それを受容する組織と活躍の場があって初めて発信されます。

　内部情報分析では、外部情報である「ダイバーシティ経営の促進」を自社の女性の働き方を含めて自社のキャリアパスの観点からも検証することになります。要は、今後の活躍する機会が将来キャリアパスを通して社員に示されているかということになります。

　具体的な分析手法としては、女性管理職の登用状況および人事制度そのものの分析をします。また、補完材料としては会社の業績推移が有効です。

　分析の結果、女性管理職の登用実績がほとんどなく、背景として多様な働き方を許容しない画一的なキャリアパスしか今の人事制度には存在しないと

図表 3-8 ■ 行政方針と自社の硬直的な人事制度との関連性

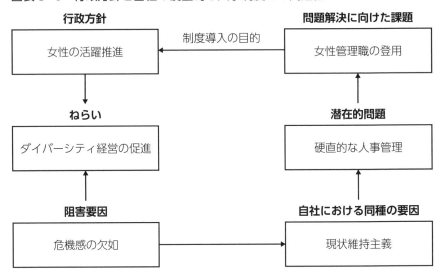

いうことであれば、硬直的な人事管理が問題ということになります。さらに会社の成長にも鈍化が見られるということであればイノベーションの取組みにも後れをとっていると言えるかもしれません。その問題解決に向けての課題は、多様なキャリアパスの構築による活躍の機会の提供であり、メッセージ性が強い取組みとしては女性管理職の登用ということになります。なお、ここでは当然公平公正な評価に基づく人事が前提となります。

図表 3-8 は、行政方針である女性活躍推進のねらいである「ダイバーシティの促進」と現状の自社の問題である「硬直的な人事管理」をすり合わせてみた場合の図となります。

4 他社事例の収集

制度設計にあたっての注意点と制度導入による効果を事前把握するという

意味では他社の先行事例は非常に有益な情報となります。また、経営層の承認および社員への説明の際にも他社事例の紹介は、理解度を高めるという意味でも有効です。なお、他社事例の収集に際しては自社独力では限界があるかもしれません。特に一般的な事例ではなく、具体的な事例を必要とする場合については、コンサルティング会社などの外部機関の支援も得ながら進めていくことも検討する必要があります。

第3節 制度導入の目的明確化

1 現状分析の結果検証

本章第2節冒頭の通り現状分析は、「事前に共有した制度導入目的の裏付け」および「事前共有以外の現状問題点の抽出」の2点を課題として実施しました。

制度導入の目的を明確化する上で必要な作業は、現状分析の結果検証です。図表3-9は、その分析に基づき現状の問題点を抽出したものです。

2 目的の明確化

目的の明確化とはすなわち目的達成を阻害する問題点が抽出されていて、かつその問題点を解決するための課題（やるべきこと）が明確になっている状態を言います。スローガンである目的だけ掲げても問題と課題が明確になっていなければ、設計者によってプロセスがまちまちになり、本来解決しなければならない問題が置き去りにされた状態になってしまいます。阻害要

図表3-9 ■ 現状分析に基づいた問題点抽出の流れ

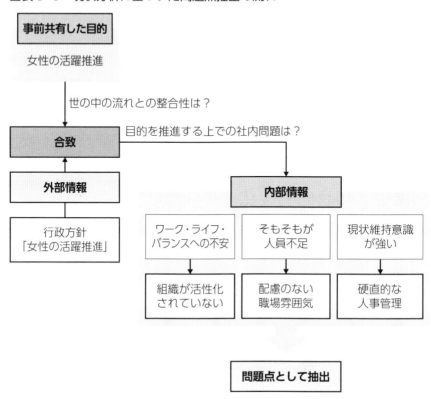

因である問題が残ったままの制度では、目的に辿りつくことは難しいでしょう。

そして、問題点を解決するための課題が明確になれば限定正社員制度の方向性も必然的に見えてきます。「社員選択型キャリアパス制度の構築」、「勤務体系の見直し」、「女性管理職の登用」の課題を解く制度は、勤務地限定であり、また勤務時間限定の要素が必須ということになります。**図表3-10**は一連のストーリーを整理したものとなります。

図表3-10 ■ 問題点かつ課題点を明確にする

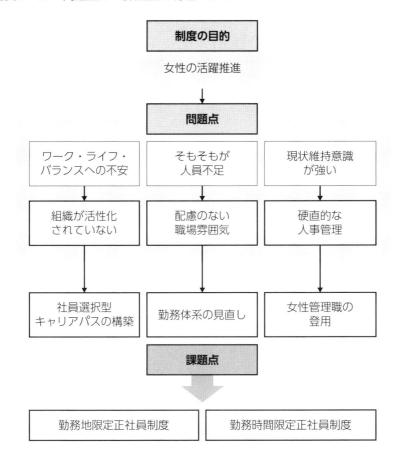

第4節

コース・等級制度の設計

1　限定正社員制度導入に伴うコース設計の考え方

　本章第2節と第3節によって、自社で導入する限定正社員制度が、勤務地限定なのか、勤務時間限定なのか、職務限定なのか、あるいはその組み合わせなのか決まったとします。決まったら、最初に検討する人事制度上の仕組みは、コース制度および等級制度となります。まずここでは無限定正社員と限定正社員とでコースをどう分けるかを考えます。

　無限定正社員と限定正社員とでコースを分けなければいけないかというと必ずしもそうではありませんが、下記の差異がある場合は、コースを分ける方が、社員に対する説明もしやすいですし、人事管理上も容易になります。

① 報酬水準（主に基本給水準）が異なる。
② 昇給スピードが異なる。
③ 評価体系が異なる。
④ キャリアモデルが異なる。
⑤ 職務範囲が異なる（いろんな職務を経験するか、しないか）。
⑥ 人事異動の範囲が異なる。
⑦ 登用範囲が異なる。
⑧ 昇格基準が異なる。
⑨ 昇格スピードが異なる。
⑩ 教育体系が異なる。

　一方で、これらに差異がない場合は、コースを分ける必要はないと言えま

す。いわゆる総合職・一般職コース制度は上に列挙した大半があてはまるので、コース分けをする必然性があると言えます。また、いわゆる複線型人事制度における総合職・専門職コース制度もキャリアモデルや職務範囲が異なりますので、やはりコース分けが適切でしょう。総合職・一般職、総合職・専門職コース制度をベンチマークとして、これらと同程度の差異を設けるのであれば、1つの枠組みだけで制度を運用するのではなく、コース制度の導入をするというのも1つの判断基準ですので、参考にしてください。

　コース制度を導入すると決まったら、コースをいくつに分けるかが次の論点となります。原則的には、上に列挙した事項の違いに応じて、コースを区分します。そのように説明すると様々な組み合わせが存在して無数のコースができ上がりそうですが、実際には通常2～3個程度にグルーピングできます。そのグルーピングの切り口となるのが、どういう人材像が自社にあるかという観点です。人材像を描く作業とグルーピングを行き来することで、コースをいくつに分け、どんな違いを持たせるかが整理できます。そしてそこで描いた人材像をコース要件として文書化します。このコース要件がコース制度の要となります。**図表3-11**にコース要件の例を示します。

　この例のように、どういう人材を、会社としてどのように活用していくのかを記載します。コース制度設計においては差異をどのようにつけるかに関心が向かいがちですが、差異をつけることが目的ではなく、会社の中の様々な人材を最大限活用することを目的としていますので、このコース要件と

図表3-11 ■ コース要件の例

コース区分	コース要件
基幹職	当社の経営を担う人材として、多様な職務、職場の経験を通じて当社全般の業務を理解し、中長期的視野から企画、業務推進、判断を行う。
業務職	担当分野において豊富な知識と経験を有し、業務を着実かつ円滑に進める。職場の業務改善についても積極的に提案、実施し、当社業務に貢献する。

コースごとの差異については、双方を見ながら自社にあったものにしていきましょう。コース要件とコースごとの差異が整理できたら、もう一度以下の観点でチェックしてみましょう。

① コース要件で表現された人材がいれば、今までよりもよりよく会社の戦略や計画を実行できるか。今より改善されないのであれば、コース制度は本当に必要か。あるいは、コース要件は適切な内容となっているか。
② コース要件は会社も社員も人材イメージを具体的に描けるものとなっているか。
③ コース要件は現時点だけを考慮したものでなく、将来を見通しても運用に耐え得る記述内容となっているか。
④ コース要件に従った場合、どういう社員層が何名くらいそのコースを選択するか。その選択をした場合、人員配置は現在および将来に渡って維持可能なものか。また、コースごとに人数に極端な偏りが想定される場合、あえてコースを分ける必要が本当にあるか。
⑤ コース要件とコースごとの差異は妥当か。リスクや責任の負担度合いが大きいコースは魅力ある手厚い昇進制度・給与体系等におけるプラス面があるか。逆に負担度合いが小さいコースは、その軽減の程度に見合うマイナスになっているか。
⑥ 整理されたコースごとの差異にすれば、④で想定した人数分布となりそうか。

これらをチェックし、問題がなければコース制度としては完成となります。

2 複数の限定正社員パターンに対応したコース設計の考え方

本節第1項では限定正社員が勤務地限定、勤務時間限定、職務限定のいずれかであることを想定してコース制度設計について述べてきました。この項では、複数を組み合わせた場合のコース設計について考えます。論理的には**図表3-12**の通り、7つのパターンがありえますが、一番複雑な勤務地限定、勤務時間限定、職務限定の3つを考慮しなければならないケースで考えてみましょう。

例えば、ある会社では全国に営業所があり、東京に本社と研究所があって、本社と営業所の間では人材交流がありますが、研究業務に従事する社員は研究業務以外には携わらないとします。加えて、地方の営業所では補助的な事務業務を担う社員を転勤がない前提で現地採用しています。さらに、パート社員から無期労働契約に転換する社員が間もなく発生することも予定されています。こういったケースでどのようにコース設計をするか考えてみましょう。

まず、職務限定について考えます。研究業務に従事する社員はそれ以外に従事することはなく、また一般的に給与水準も高いことも多いので、職務限

図表3-12 ■ 限定正社員の組み合わせ

勤務地限定	勤務時間限定	職務限定
○	×	×
×	○	×
×	×	○
○	○	×
○	×	○
×	○	○
○	○	○

定コースとして区分します。次に勤務地限定についてです。事務業務を担う社員は地方の営業所以外にもいて、かつ転勤可能な社員もいるため、職務限定で区分するのではなく、勤務地限定コースとして区分します。最後にパート社員から無期労働契約に転換した社員についての扱いですが、これは職務が限定されているかどうかで考えます。職務が限定され、無限定正社員と明らかに業務や責任の程度が異なるのであれば、職務限定コースの1つとして区分します。特に無限定正社員と差異がないのであれば、無限定正社員の枠組みに入れ、短時間勤務社員として取り扱います。この場合は勤務時間限定コースとしてあえて分けなくてもよいと考えますが、パート法（第1章第4

図表3-13 ■ コース分け例

【無期労働契約に転換した社員が無限定正社員と業務や責任の程度で区別できる場合】

無限定正社員コース	勤務地限定正社員コース	職務限定正社員コース
		研究職
		業務職（短時間勤務社員）

【無期労働契約に転換した社員が無限定正社員と業務や責任の程度で区別できない場合】

無限定正社員コース	勤務地限定正社員コース	職務限定正社員コース
短時間勤務社員※		研究職

※それぞれのコースにおいて人材活用の仕組み等が短時間勤務社員と異なる場合は、別途、勤務時間限定正社員コースを用意します。

節第2項参照）を参考に職務内容、人材活用の仕組み（人事異動等の有無や範囲）が限定正社員と同一でないのであれば、勤務時間限定あるいは職務限定として別コースとしておく方が人事管理をしやすいでしょう（図表3-13）。

3 勤務地限定正社員コースの検討事例

　筆者らが実務において一番関与することが多いのが、勤務地限定正社員コースの検討です。例えば、ある会社では従来から転勤がある男性営業職と転勤がない女性事務職という区分けが慣習的にありましたが、今後は女性にも営業職として活躍をしてほしいので、無限定正社員コースと勤務地限定正社員コースに区分して、女性社員のキャリアアップとして無限定正社員コースを位置づけています。

　また、元々地方の有名企業で本社は地方にあり、徐々に首都圏に展開した別のケースでは、その地方の学生は地元志向が強く、首都圏転勤があると採用応募に二の足を踏まれてしまい、新卒人材獲得が厳しい中で、優秀な学生が集まらないという悩みがありました。そこで、勤務地限定採用を取り入れることにしました。このように、会社によって勤務地限定正社員コースを導入する背景は様々ではありますが、集約すると働き手が不足する中で、人材を活用するため、あるいは採用するためということに尽きるようです。

　勤務地限定正社員コースの検討にあたってポイントとなることの1つに、勤務地をどう区切るかということがあります。例えば首都圏が発祥の会社では、首都圏には本社や営業所が複数存在しており、公共交通機関の利便性も高いため、通勤可能な拠点がいくつかありますが、地方に行くと営業所が各都道府県に1つしかないというケースも多いでしょう。場合によっては東北地方に1つというように、複数の都道府県で1つということもありえます。

　社員の立場に立ってみれば、住居と通勤の利便性を考えると拠点が狭く限定される方が望ましいのですが、会社としては少しでも異動の可能性を残し

ておきたいものです。と言いますのも、市場環境が大きく変化している中で、全ての拠点が将来的に現状のままでいつまでも存在するかどうかわかりませんし、逆に新たな拠点を設けたときに既存の社員に異動してもらった方が新しい拠点でのビジネスをスムーズに立ち上げられるメリットがあります。また、人間関係のこじれを解消する手段を残しておきたいということもあります。

実際にあった例ですが東京から派遣して実績を上げていた営業所長と地元採用の事務職員とが些細なことから仲違いしてしまい、本当は事務職員を異動させたいのに異動先がないため、せっかく顧客との関係を作り上げた営業所長を転勤させざるを得なくなったそうです。ハラスメントやメンタルヘルスが社会問題化する中で、職場の人間関係を解決する手段として人事異動を会社の選択肢として残しておくことは、リスクマネジメントの1つと言えるでしょう。

ですから、勤務地限定正社員コースの勤務地を区切るに当たっては、都道府県、地域ブロック（例：北海道地方、東北地方、関東地方、中部地方、近畿地方、中国・四国地方、九州地方）を基本としながらも、可能な限り最低でも2つ以上の拠点が含まれるようにすべきであり、場合によっては東日本・西日本のように大きく分けるに留めることも選択肢となります。大企業であれば人材も豊富で人材の入れ替えも可能でしょうが、人材が限られる中小企業では特に注意していただきたいところです。

もう1つのポイントは、無限定正社員に勤務地変更を伴う人事異動を行って、制度の存在をアピールすることです。通常、勤務地限定正社員は勤務地変更を伴う人事異動から解放される代わりに、何らか処遇の点で無限定正社員との間に格差をつけられています。それなのに、無限定正社員が特定の拠点に長く留まって異動がないということになれば、無限定正社員コースと勤務地限定正社員コースとの違いは有名無実化してしまい、勤務地限定正社員のモラールを低下させ、不満の声が上がるでしょう。勤務地限定正社員コースを導入する以上は、一方の無限定正社員に対しては、これまで以上に頻繁

図表 3-14 ■ 勤務地限定正社員コースのコース要件例

コース区分	コース要件
無限定正社員	幅広い組織および業務分野での業務経験を通じて広範かつ深い専門性を蓄積し、経営的視点ならびに当社業務全般の視点から専門性の発揮を期待するコース
勤務地限定正社員	一定範囲における組織および業務分野での業務経験を通じて技能を蓄積し、所属組織における業務全般に対する業務知識、技能を用いて業務を円滑に遂行することを期待するコース

に人事異動を行うことも会社としては覚悟が必要です。その場合でも業務に支障を来たすことがないように、業務の標準化、ノウハウを蓄積・共有する仕組みを整備することで円滑な業務継承の実施、新たなポストについても速やかにパフォーマンスが発揮できるような人材教育、次世代・次々世代の候補育成まで見越した計画的な人材ローテーションなど、コース制度自体の整備運用だけでなく、人的資源管理全体の視点から、必要な手立てを打っていきます。また、後述しますが、無限定正社員にはこれまで以上に多くなる勤務地変更のリスクに見合った処遇をすることも合わせて検討しておきます。

図表 3-14 に、勤務地限定正社員コースのコース要件例を示します。

4 勤務時間限定正社員コースの検討事例

勤務地限定正社員コースに続いて多いのが勤務時間限定正社員コースです。勤務時間限定正社員コースの特徴の1つは、社員が会社に在籍する期間ずっとこのコースを選択するということはまれであり、育児や介護など一定の事由がある場合に、その期間だけこのコースを選択するということにあります。そういったケースばかりで、勤務時間が短縮される以外は、業務も変わらず、給与や賞与、退職金も勤務時間に応じて比例的に調整されるだけで、昇格や昇給その他の人事上の取り扱い（詳細は本節第1項参照）に一切

の差がないのであれば、あえてコース分けをせず、無限定正社員コースの中で、短時間勤務を認めるだけで事足りることになります。一般的にはそういったケースが多いでしょう。

しかし、この点を社内外にアピールして、「働きやすい会社」として認知してもらい、社員のロイヤルティの向上や人材採用で優位性を発揮するために、人事上の取り扱いは同じであっても、勤務時間限定正社員コースを明示的に作るというのも考えられます。基本的には分ける必要はありませんが、コース制度をそのように使うのも1つの方法として考えられるでしょう。

また、社員の価値観が多様化する中で、ワーク・ライフ・バランスが均衡する1日24時間の中で会社にいる時間といない時間との時間割合は人それぞれであり、仕事以外でも自己研鑽やボランティア、地域活動への貢献などへ、仮に給与が減ったとしても時間を自己実現のために使いたいという人も出てきており、その「ライフ」の時間が充実することで「ワーク」にも良い影響を及ぼす可能性もあります。そういった人材は、育児や介護と異なり、ある程度長い期間、勤務時間限定で働きたいと考えており、そのような働き方を認めるコースを整備する会社も今後出てくるでしょう。こういった勤務時間限定正社員コースがあることで、既存社員のパフォーマンスを向上させたり、市場の優秀な人材を引き付けたりすることもできるでしょう。

以上述べてきたように、勤務時間限定正社員コースを無限定正社員コースと別に設けることは、人事管理上必須というよりも、既存社員や人材採用時のアピールポイントのためと位置づけてよいでしょう。

5　職務限定正社員コースの検討事例

最後に職務限定正社員コースについてです。職務限定正社員コースを設計する事例は少ないのですが、実際には多くの会社で既に導入されています。例えば、運送業であれば、ドライバーは出来高給としているところも多く、

給与体系が営業系・事務系社員と異なるため、コースを分けているのが通常です。製造現場を有する製造業でも、製造ラインで製造に従事する社員とやはり営業系・事務系社員とはキャリアや人材育成の考え方が異なり、人材交流もないため、やはりコースを分けていることが多いでしょう。本節第2項でも述べましたが、高度専門職人材である研究者や、金融トレーダーなども別コースになじむ職務となります。

これらの例で概観したように、職務限定正社員コースにあてはまる職務は**図表3-15**のように大きく分類されます。

コースの検討においては、上で示したような類型のうち、無限定正社員と人材交流の可能性がないものについて、職務限定正社員コースを別に設けます。また、類型が複数ある場合は、高度専門職タイプ、現業職タイプのように、コース内に複数の体系を用意します。

図表3-15 ■ 職務限定正社員コースの類型

類型	職務内容
高度専門職	専門分野における高度な知識を活用して、付加価値が高く、経営に対するインパクトが大きな業務を担う。人材市場でも稀少性が高い。職務の例としては研究者、データサイエンティスト、金融トレーダー、社内弁護士など。
現業職	年齢や経験によらず、保有する技術・スキル・能力を用いて、業務を完遂する。職務の例としてはドライバー、工事現場担当者など。
定型業務職	マニュアル化が可能な定型業務で、例外事項もほぼなく、段取り通り、スケジュール通りに業務を進める。職務の例としては、製造現場における単純工程作業、倉庫内作業など。
製造職	製造現場での業務実践を通して、知識、スキル、経験を蓄積して、短期、中期の視点で製造現場を改善し、自らも成長する。職務の例としては、製造現場のうち、現場改善や能力向上が求められる職務。

6 勤務地限定正社員に対応した等級制度

　等級制度の検討要素としては一般的には等級数、等級定義、等級と役職との関係、昇格ルールといったものがあります。勤務地限定正社員と無限定正社員とで等級制度を分けるかどうかについては、勤務地限定以外には一切の違いがなく、キャリアステップや人材要件も同じということであれば、全く同一の等級制度で構いません。ただし、通常は勤務地が限定されることで、担う職務が限られてくることが多いので、勤務地限定正社員と無限定正社員とで等級制度も異なることが多くなります。筆者らが実務において遭遇するケースを以下に示します。

(1) 勤務地限定正社員に天井があるケース

　先に述べたように、勤務地限定正社員は担う職務が限られてしまい、総合的なキャリア形成ができないため、初級管理職までは昇進可能とし、社内の多様な業務領域を熟知し、豊富なマネジメント経験が必要な上級管理職は無限定正社員から登用するとしている会社があります（**図表3-16**）。

図表3-16 ■ 勤務地限定正社員に昇格上限がある等級制度

無限定正社員	勤務地限定正社員
M2等級：上級管理者	―
M1等級：初級管理者	AM1等級：初級管理者
S3等級：上級一般社員	AS3等級：上級一般社員
S2等級：中級一般社員	AS2等級：中級一般社員
S1等級：初級一般社員	AS1等級：初級一般社員

(2) 勤務地限定正社員に独自のキャリアがあるケース

無限定正社員は大卒新卒のみ採用、勤務地限定正社員は高卒新卒も採用と採用の入り口が異なっているために、無限定正社員と勤務地限定正社員とでキャリア形成が異なるような例は典型的ですが、双方で人材要件に違いがあり、キャリア形成が異なるのであれば等級制度を分離します（**図表3-17**）。

図表3-17 ■ キャリア形成の違いで等級制度が異なる例

無限定正社員	勤務地限定正社員
M2等級：上級管理者	AM2等級：初級管理者
M1等級：初級管理者	AM1等級：初級管理者
S2等級：応用判断業務担当社員	AS3等級：応用判断業務担当社員
S1等級：定型業務担当社員（大卒新卒）	AS2等級：定型業務担当社員
—	AS1等級：補助業務担当社員（高卒新卒）

7 勤務時間限定正社員に対応した等級制度

本節第4項で述べたように、勤務時間限定正社員のコースを無限定正社員と別にすることは、多くはありません。コース制度が分かれませんので、そのため別途等級制度を作ることは少なく、無限定正社員と同じ等級制度を適用することが多いです。

しかし、勤務時間限定正社員が等級制度の中で議論があるのは、勤務時間が短いにもかかわらず、無限定正社員と同じ昇格ルールでよいかどうかという議論があります。例えば、ある等級から昇格させるための最低滞留年数が3年であるときに、これは1日8時間勤務する無限定正社員を前提とした年数であり、1日6時間勤務する勤務時間限定正社員には、3年×（6時間÷8時間）＝4年とすべきかどうかといった点です。あるいは、無限定正社員は

3年連続標準評価以上であれば昇格候補となりますが、勤務時間限定正社員は4年連続（計算式は上記と同様）標準評価以上とすべきかどうか議論となります。これは会社によってキャリアの考え方や評価制度も異なるため、一律に判断できるものではありませんが、勤務時間限定正社員にとっての魅力を考えるだけでなく、無限定正社員が不公平感を感じる制度となっていないか、立ち止まって考える必要があります。細かい論点ではありますが、将来的に昇格できるかどうかは処遇にも大きく関係してきますので注意が必要です。

　ここに示した例のように勤務地限定正社員を選択することで昇格スピードに違いが出てくるのであれば、勤務時間限定を選ぶ社員に事前にきちんと説明し、理解を得ておくことが望ましいでしょう。

8　職務限定正社員に対応した等級制度

　職務限定正社員の等級制度は、職務限定正社員コースに該当する職務ごとに設計します。いくつかの職務について、設計時の留意点を示します。

(1) 高度専門職

　高度専門職の場合は、専門性をどう定義するかの基準作りが困難なことが多く、この基準が明確にできない限りは等級を分ける必要性がありませんので、筆者らの経験では等級は1つまたは2つ程度になることが多いです（**図表3-18**）。また昇格ルールも、滞留年数や人事考課で一律に定めるのも適切ではないため、高度専門職を管掌する役員が昇格を推薦し、経営会議で決定するしくみが運用しやすいでしょう。

(2) 現業職、定型業務職

　現業職や定型業務職は、通常は採用後即戦力ですし、業務レベルにも差がないため、等級をいくつか持つような仕組みはなじまないと考えます。しか

図表 3-18 ■ 高度専門職の等級定義例

等級	等級定義
シニアスペシャリスト	業務にかかわる領域において、執筆・講演・セミナーを依頼されるなど、業界でも第一人者として知られ、経営に多大なインパクトを与える成果を生み出している。
スペシャリスト	社内で担当領域の第一人者として、社内メンバーの信頼を得て貢献し、社外のネットワークも開拓している。

し、あえて分けるとしたら、補助が必要なレベルと一人前で業務が進められるレベルの2段階があれば十分です。なお、2段階に分ける場合の昇格ルールには、一人前として必要な技術・スキルを体系的に身につけているかどうか判断する客観的な試験機会を設け、感覚的な判断で昇格させることがないようにしましょう。

(3) 製造職

製造職は、能力開発を促して段階的な成長を後押しする職能等級制度が適切です。等級数は、製造現場で必要とされる能力の段階数に応じて設定すればよく、管理職を除き、3～5段階程度あればよいでしょう。

9 勤務地限定正社員についてのコース転換ルール

無限定正社員から勤務地限定正社員に転換する場合と勤務地限定正社員から無限定正社員になる場合を考えます。

勤務地限定正社員は担う職務が限定的で、無限定正社員になることがキャリアアップである場合のコース転換ルールの例を示します（**図表3-19**）。例を見ていただくとわかるように、キャリアアップとなる無限定正社員に転換する場合の方が（**図表3-19**の(1)）、要件が厳しくなっており、無限定正社

図表 3-19 ■ 勤務地限定正社員についてのコース転換ルール

(1) 勤務地限定正社員から無限定正社員になる場合のコース転換ルール例
・本人の希望 ・転換後のキャリアプランについての小論文提出 ・人事考課が継続的に優秀 ・必須研修の受講完了 ・所属部門長の推薦 ・人事部門の承認 ・取締役会での決裁
(2) 無限定正社員から勤務地限定正社員になる場合のコース転換ルール例
・本人の希望 ・勤務地限定を希望する勤務地に要員の空きがあること ・所属部門長の承認 ・人事部門の承認 ・取締役会での決裁
(3) その他 (1) と (2) に共通するルール例
・毎年1回、評価面談時にコース転換希望があれば申請 ・コース転換は在職期間中2回まで ・一度転換したら3年は転換できない ・申請は50歳まで

員として様々な業務を担う能力を有するかどうか、コース転換時に審査を慎重に行います。

　逆に、勤務地限定正社員に転換する場合（**図表3-19**の(2)）には、社員が希望する勤務地に職場を用意できるかどうかが実務上のポイントとなります。勤務地限定を希望すれば、無条件に認められるわけではないことを社員に理解してもらうためにも、「勤務地限定を希望する勤務地に要員の空きがあること」という要件を予めコース転換ルールに入れておくことをお勧めします。

　また、無限定正社員と勤務地限定正社員の間での転換をいつでも自由にできるよう認めてしまうと、要員計画や人材配置に影響が出る可能性があるため、在職期間中何回まで許可するという上限設定や、一度転換したら何年間かは転換できないというクーリングオフ期間の設定をするのも妥当性があり

ます（**図表3-19**の(3)）。このようにすることで、コース転換を安易に行わないよう、けん制する効果も期待できます。

　ここまでは、勤務地限定正社員から無限定正社員になることがキャリアアップになるという位置づけで考えてきました。特にキャリアアップの意味合いがないのであれば、無限定正社員に転換する場合（**図表3-19**の(1)）に能力審査の性質を有するものは不要ですが、それ以外のルールについてはほぼ設けておく方がよいと考えますが、自社の実態に即したものとしてください。

10　勤務時間時間限定正社員のコース転換ルール

　無限定正社員から勤務時間限定正社員に転換する場合は「育児や介護の事由があれば認める。」といったルール、勤務時間限定正社員から無限定正社員になる場合には「勤務時間限定に転換した事由がなくなり次第戻る。」といったルールが通常でしょう。しかし、会社側が無限定正社員と勤務時間限定正社員とで全く同じ職場で同じ職務を提供できればよいのですが、必ずしもそうではないケースもあります。勤務時間限定正社員から無限定正社員になった場合に、増加する勤務時間に見合った業務を準備できない、無限定正社員から勤務時間限定正社員になった場合にはすぐに人の手充てができない、といったこともあるでしょう。

　このようなトラブルを避けるために、「止むを得ない場合を除き、原則2ヵ月前にはコース転換を申請すること」といった申請期限についてのルールを定めておくのが望ましいでしょう。

11　職務限定正社員のコース転換ルール

　職務限定正社員の場合は、採用時からコースが分かれ、退職時までその

コースを全うすることを前提としているため、コース転換は通常想定されていません。仮にコース転換を認めるのであれば、無限定正社員から職務限定正社員に転換する場合も、職務限定正社員から無限定正社員になる場合も共に、転換先の職務への適性があるのかどうか判断できるよう、それなりのハードルを設ける必要があるでしょう。

具体的には、推薦や面接だけでなく、その職務を行う上での技術・スキル・知識があるか測定する客観的な試験や論文審査等を行うべきです。あるいは、インターンシップ的に一定期間人事異動を行って転換候補の職務を実際にやってもらい、本当に適性があるかどうか見極めるということも考えられます。

いずれにしても、非常に稀なケースですので、コース転換ルールを常設する必要はないでしょう。

第5節 評価制度の設計

1 限定正社員制度導入に伴う評価制度の考え方

本章第3節の中で、「どういう人材像が自社にあるか」という観点でコースをいくつかに分け、どんな違いをもたせるかを整理することができると記載しました。言い方を換えるとコースごとの要件を整理するという話ですが、評価制度においても、この考え方は共通しています。コースごとに優劣や差異をつけるのではなく、適材適所の人材配置を実現し、能力を活かす為にはどのような評価制度が適切か、コース要件にしたがってどのような評価体系で、何を評価対象とするかを考える必要があります。無限定正社員と限定正社員の間で、評価制度を必ず分けないといけないということではなく、あく

図表 3-20 ■ 評価体系を分けるか否かの考え方

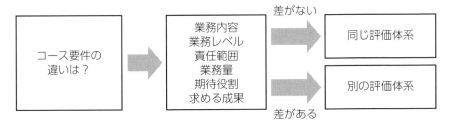

までコース要件の違いに応じて検討するということです。

① 業務内容や業務レベルの差が異なる
② 業務の責任範囲が異なる
③ 業務の量が異なる
④ 期待役割・求める成果の内容が異なる

　上記のような違いがある場合は、異なった評価体系、もしくは評価基準を設定した方が、公平性を保つことができ、処遇への反映も適切に行うことができるでしょう。
　一方、上記の基準で考えた際に、ほとんど違いがないという場合は、無理に評価体系を分けることはせずに、同じ評価体系を適用しても問題はないと言えるでしょう。いわゆる総合職・一般職のようなコース制度の場合は上記①～④のすべてがあてはまるので、評価の内容にも違いを持たせることが妥当と言えます。
　総合職・専門職のような複線型コース制度の場合、総合職は成果が数字で測ることができますが、専門職は例えば技術開発が中心になる等、成果が明確には測りにくいというようなケースもあるでしょう。このような場合は、①、③、④にあてはまります。例えば、成果を測る指標としては多くの会社が「目標管理」を導入していますが、総合職・一般職というコース区分の場

図表 3-21 ■ コース区分によって評価体系を分ける例

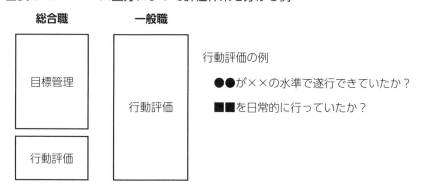

　合、成果が数字で測りやすい総合職に対して、一般職がごく限られた定型業務を主に行うというときには、必ずしも両方に「目標管理」を適用することが適切とは言えません。このような場合は、1つの体系だけではなく、総合職・専門職それぞれの体系を用意することも含めて検討する必要があります。例えば、総合職には「目標管理」を適用するが、一般職には予め決まった評価項目を複数用意して、その項目の達成度合いを評価する方法もあります。

　ただし、ここで注意したいのは、一般職の社員に対して、総合職と比べて明らかに劣後する評価制度という印象を与えないようにすることです。一般職には成果を求めないのではなく、あくまでそれぞれの業務や役割に適した内容のものを用意して、評価終了後のフィードバックも適切に行うことが重要です。コース区分に応じて評価体系を変えることは十分に考えられますが、成果および行動プロセスのあり方を評価して、今後の成長につなげるという考え方はいずれにしても共通です。この点は、無限定正社員、限定正社員という区分にかかわらず、評価をする際には必ず意識していただくよう、社内でも周知徹底したいところです。

　原則的に、「成果」と「プロセス」という二軸の評価体系を入れることが多いかと思いますが、具体的な方法は各コースの特性に応じて検討していきます。そして、ある程度評価体系が固まってきたら、以下の観点で、コース別

の評価制度として適切な姿になっているかどうかチェックしてみましょう。

① 実態に合っている
② コースごとに求められる成果を適正に測ることができる
③ 公平性が保てる
④ 処遇の反映が適切にできる
⑤ 社員の能力開発につながる

　上記⑤に記載した通り、レベルに応じて格差をつける必要がある場合でも、単に実態に即した内容にするだけでなく、社員の能力開発につながる内容でなければ評価制度としては十分とは言えません。
　これらの点でチェックをして、問題ないようであれば評価制度の全体像が完成します。

2　目標管理を行う際のポイント

　まず、コース別の目標管理のあり方について考える前に、一般的に目標管理が果たすべき役割について考えてみましょう。目標管理にはいろいろな側面がありますが、主には以下のような点が挙げられます。

① 組織目標の伝達
② 社員の能力開発
③ マネジメントサイクル（PDCA）の強化
④ 成果に対する公平な評価、処遇への反映
⑤ 期待役割の伝達

　一言で目標管理と言っても、その制度が持つ役割は幅広く、大変重要なも

のです。上記のいずれも、会社としては評価制度を通じて実現させたいことですから、多くの会社が目標管理を導入している状況についても理解できるところです。ある調査では、目標管理の導入状況はいずれの階層でも84%という調査結果も出ています（2016年2月12日発行『労政時報』本誌3903号参照）。

　一方、筆者らが評価制度を構築する際にクライアントからよく相談される話でもあるのですが、目標管理制度が適切に運用できず、形骸化してしまっていたり、社員の能力開発につながっていなかったりと、悩みを持っているケースも多いものです。実態の業務にフィットしていないのに"成果を測るのであれば目標管理"という形であまり深く考えずに導入してしまうと、正しく成果を評価できないばかりか、社員の能力開発にもつながりません。したがって、「目標管理はどうしたらうまく機能するのか」を考える前に、「そもそも成果を測る指標として、目標管理が本当に適切か」というところから検討することが必要です。目標管理を通じて成果を測り、適正な評価を行うには、従事している業務が、下記の基準を満たしているという前提が必要になります。

① 一定の期間で、客観的に評価、測定可能な目標が設定できる業務を行っている
② 定型業務ではない（外部要因による影響が少なく、本人の努力次第で成果が決まる）

　対象の業務が上記の基準を満たしていない場合、例えば、総合職・一般職というコース区分で、総合職は満たしているが一般職は満たしていない、というようなケースもあるかと思います。その場合は、先述の通り目標管理は総合職のみ、一般職には適用しないという方法をとるケースも考えられます。この事例は非常によくあるケースですので例として記載しています。

　上記2つの基準を満たしていれば、概ね目標を設定することができる業務

と言えるでしょう。その上で、具体的にどのような目標がよいかを検討します。目標が適正か確認する為の基準はいくつかありますが、具体的には以下の観点が必要となります。

① 目標の難易度は適切か
② 目標の量は適切か
③ 達成イメージの湧く目標になっているか
④ チャレンジングな目標になっているか

上記の観点でチェックをして、問題なく目標が設定できるようであれば目標管理が問題なく導入できる状態と言えるでしょう。それでは、これまで記載した内容を振り返り、成果を測る指標として目標管理が適切かどうかコース区分別に確認してみましょう。

上記は標準的なコース区分で記載しましたが、必要に応じて各コースの組み合わせで検討をしてください。いずれにしても、評価制度を通じて、社員に対してどのようなメッセージを伝えていくか、成果をどのように求めていくか、コース要件の違いに応じて、十分に検討する必要があります。その方

図表3-22 ■ 限定正社員に対する目標管理の留意点

コース区分	留意点
勤務地限定	・無限定正社員と限定正社員で業務内容が変わらない場合は問題無し（ただし、目標設定内容については、勤務地が限定になることにより前提条件が異なる場合（営業エリアの広さ等）は考慮すべき）。
勤務時間限定	・無限定正社員と限定正社員で業務内容が変わらない場合は問題無し（ただし、目標設定内容については、勤務時間の差に左右されないもの、あるいは勤務時間の差に応じた内容にすべき）
職務限定	・無限定正社員と限定正社員で業務内容が異なる可能性が高く、目標管理が妥当か否かは要検討 ・専門性が高い職務で、一定期間での評価が難しい（客観的に評価できない）業務の場合、目標管理以外で評価することも検討余地あり

法としては、目標管理も含めて、様々な方法がありますので、実態に合わせて柔軟に検討していきましょう。

3 勤務地限定正社員に対応した評価制度

　ここからは、それぞれのコース区分に応じて、具体的に検討していきましょう。1つ目は勤務地限定正社員についてです。これまでに説明した通り転勤があるか否か、勤務地をどこで区切るかが検討ポイントであり、無限定正社員と限定正社員で、業務の内容はさほど変わらないという場合がほとんどでしょう。

　その場合、評価制度において、明確に違いを出す必要はなく、原則1つの評価体系で評価を行うことで問題ありません。ただし、本節第2項**図表3-22**にも記載した通り、勤務地を限定していることで、目標の前提条件が異なる場合は、評価や処遇への反映に注意が必要です。

　処遇への反映については、例えば無限定正社員と勤務地限定正社員が同じ評価であった場合に、昇格・昇給への反映のさせ方は同じでよいのか？という議論になることがあります。考え方としては以下の2通りあります。

① 予め給与テーブルで格差をつけている場合は、処遇への反映で差をつけない
② 給与テーブルで差がついていない場合は、処遇への反映で差をつける

　①については、元々の給与テーブルで一定の差がついている為、評価による処遇方法は同じであるという考え方です。一方②については、考えにくいケースかと思いますが、無限定正社員と勤務地限定正社員で給与テーブルに差がついていない場合の話となります。その場合は、例えば同じ評価結果であったとしても、限定正社員に比べ、無限定正社員の処遇をやや高くする

（評価を高くする）ことでそれぞれの格差を明確にすることができます。

ただし、働きや成果が同じであった場合、本来評価結果とそれに伴う処遇は同じ内容になるべきであり、この対応方法はあまり現実的ではない点は書き添えておきます。無限定正社員と勤務地限定正社員の格差については、やはり予め給与テーブル等で設定・整備しておくべきで、業務内容が変わらないのであれば、評価結果に応じて格差を広げるのはできれば避けるようにしてください。

4 勤務時間限定正社員に対応した評価制度

勤務時間限定正社員の評価制度を検討する際にポイントになるのは、やはり時間制限の有無を、評価制度の中でどのように見ていくか、という点になるでしょう。

本節第1項でも説明しましたが、基本的には、社員が会社に在籍する期間、ずっとこのコースを選択するのはまれなケースであり育児や介護等の一定の事由がある場合に想定されるものになるでしょう。勤務時間限定の基準がこのような事由ばかりで、勤務時間が短縮される以外は、業務も変わらず、給与や賞与が勤務時間に応じて比例的に調整されるのみ、という場合は特段評価体系を変える必要はないでしょう。

ただし、上記のように、育児や介護等以外の事由（ワーク・ライフ・バランスの確保や自己研鑽）も含めて、多様な働き方の一環としての制度の場合は、おそらく限定正社員に比べて、無限定正社員の方が業務量や責任の範囲が大きくなることが想定されるため、目標設定の仕方には注意が必要になります。原則的には、同じ働き・成果の場合は処遇も同じであるべきで、かつ勤務時間限定正社員の場合、既に短縮時間に応じて給与が減額されることが一般的ですので、評価によるメリハリのつけ方はいずれのコースも同じ方法でよいでしょう。

また、時間の制限がないことで貢献度が上がる場合、勤務時間の長さと成果が直結するような業態の場合（例えばシフト勤務の飲食業等）は無限定正社員の負担増加やモチベーション維持も含めて、昇給のメリハリを大きくするという方法も検討の余地があるかもしれません。勤務時間に違いがある場合、だいたいの場合対応できる業務量に差が出てきますので、そのプロセスの部分も含めて処遇に差をつけるのも１つの方法と言えるでしょう。

　一方、勤務時間にかかわらず、成果が同じであれば評価結果も同じという考え方もあります。これは、ビジネスモデルや会社の方針にもよるところかと思いますので、自社のビジネスにフィットする形でいずれかの方法を検討してみてください。

5　職務限定正社員に対応した評価制度

　最後に職務限定正社員コースについて考えます。その名の通り従事する職務を限定するコースですので、基本的には専門職コースと言い換えることができるかと思います。このコースについては、本節第１項で説明した通り、高度専門職、現業職、定型業務職、製造職等大きく４つ程度に分類することができます。

　この分類によって、評価体系の考え方も以下の例のように異なります。

(1)　高度専門職

　高い専門性を持つ高度専門職の場合は、社内でも唯一無二の存在であることが多く、評価体系も他の職種と合わせることが困難である場合が想定されます。等級と同じく、無理に１つの体系におさめることはせずに、評価および処遇については、専門性の発揮度合いに応じて、管掌役員および経営会議にて柔軟に判断するという、ある意味余白を持たせた運用がお勧めです。

(2) 現業職、定型業務職

　現業職、定型業務職は、段階的にスキルレベルが分かれること期待される職種になります。目標設定の段階で、等級定義に応じてどれだけのスキルアップが期待されているかを明文化することが有効です。一方、定型的な業務も多い為、あまり目標のウェイトを高くし過ぎることもなじまないでしょう。スキルアップに関する目標（試験機会等も含む）に加えて、日常的に求められる行動評価の項目を複数設定し、合わせ技での評価を行うことがよいでしょう。

(3) 製造職

　製造職は、能力開発を促す職能等級が評価の基準になっていることが最も多いでしょう。よって、目標の内容も、等級に応じてどの程度の能力が求められているかを明文化するべきです。評価表、および評価項目の設定も、できれば等級数に応じて細分化することで、社員にとっても、求められる能力について理解しやすい内容にするのがよいでしょう

　職務限定コースは、基本的には他職種との人材交流の機会が少なく、一度限定された職務を選択したら、その分野においてキャリアを構築しているという人が多いかと思います。どちらかと言うと、売上や粗利等の営業数値的な成果よりかは、能力の伸長、専門性の向上といった独自性を求められることが多いので、会社としても伸ばしてほしい専門性については、評価制度を通じてしっかり伝えていくようにしましょう。

第4章

給与・賞与・退職金制度の設計

第1節
限定正社員給与制度の全体像（報酬格差のあり方）

1　人材マネジメント上の視点による整理

　限定正社員の給与制度を設計する際、検討すべき最大の課題は「無限定正社員との間で、何らかの報酬格差を設定すべきか、設定する場合の格差水準はどの程度にすべきか」という点でしょう。

　限定正社員と無限定正社員の間の報酬格差のあり方、どこまで均衡処遇の考え方を反映すべきかについては、限定正社員制度の導入目的によって、図

図表4-1 ■ 人材マネジメント上の視点

	人材確保・保持を重視	人材流動化を重視
ゼネラリスト推奨	無限定正社員中心の活用 →無限定正社員の採用拡充・安定的な報酬水準維持	無限定正社員中心の活用（非正規社員も活用） →総合型社員の採用拡充・報酬格差の拡大
スペシャリスト活用推進	限定正社員の活用推進 →限定正社員の採用拡充・無限定正社員との「均衡処遇」重視	限定正社員の活用推進 →限定正社員の採用拡充・無限定正社員との「報酬格差」重視

※「ゼネラリスト推奨」の区分に関しては、多様性ある人材活用重視の観点から、「限定正社員の活用を推進」する方法も考えられます。

表4-1のように整理して分類することができます。

限定正社員の報酬格差のあり方を考えるに当たり、まずはどういった目的で限定正社員制度の導入を検討するか、それに応じて図表4-1のいずれの視点を重視すべきなのか、を明確にする必要があります。

2 報酬格差の大小別メリット面・デメリット面

限定正社員制度を導入する際、無限定正社員の給与・賞与に対する報酬格差の大小に関して、想定される効果および懸念点を整理すると、図表4-2の

図表4-2 ■ 無限定正社員との報酬格差傾向

	想定される効果 【メリット面】	懸念点 【デメリット面】
無限定正社員の報酬にプレミアム加算 例1）新基本給［総合型］ 　　＝現行基本給×105％ 例2）総合型を対象とした「総合型手当」を20,000円／月支給	・無限定正社員を会社として優遇する強いメッセージ効果 ・限定正社員に報酬減額がなく、不満抑制が可能	・無限定正社員の選択者が多い場合、人件費コストパフォーマンスが低下する懸念
限定正社員に大きく格差設定 例）新基本給［限定］ 　　＝現行基本給×75％	・無限定正社員の選択を推奨するメッセージ効果 ・人件費コストパフォーマンス向上効果	・限定正社員が報酬に対する不満を抱きやすい懸念（限定正社員の選択抑制効果）
両制度間の格差をつけない・限定正社員の格差を小さく設定 例）新基本給［限定］ 　　＝現行基本給×97％	・限定正社員の選択を推奨する強いメッセージ効果 ・会社としてのワーク・ライフ・バランス重視の姿勢をアピール可能	・会社の想定を大きく上回る限定正社員の選択者が生じる懸念 ・無限定正社員が不公平感を抱きやすい懸念

通りとなります。

報酬格差のつけ方は、各社なりの考え方に大きく左右されるものであり、機械的に設定するのが難しい面もありますが、設定に際しては**図表4-2**の諸点を考慮する必要があります。

3 報酬格差設定の実態（限定正社員のパターン別）

限定正社員のパターン別（勤務地限定・勤務時間限定・職務限定）に、昨今の導入実態を見ると**図表4-3**の通りとなります。

下記3つのパターンのいずれも、最も構成割合の多いボリュームゾーンは「80%～90%未満」の区分ですが、90%以上の構成割合を集計すると、勤務地限定・職務限定が3分の1程度（32.0%・34.8%）である一方、勤務時間限定は2割程度（21.0%）と差が生じています。

図表4-3 ■ 限定正社員別の無限定正社員に対する報酬格差

無限定正社員に対する報酬格差	パターン別構成割合		
	勤務地限定	勤務時間限定	職務限定
100%以上	9.6%	12.0%	17.6%
90%～100%未満	22.4%	9.0%	17.2%
80%～90%未満	29.1%	29.9%	24.5%
70%～80%未満	15.5%	22.4%	16.2%
70%未満	12.6%	16.4%	12.5%
不明	10.8%	10.4%	12.0%
合計	100%	100%	100%
【参考】90%以上の構成割合	32.0%	21.0%	34.8%

出所：3パターンいずれも、厚生労働省（2011）「『多様な形態』による正社員に関する研究会　アンケート調査」より筆者作成

これは、勤務地限定や職務限定は会社の考え方により総合型に近い政策的水準を任意に設定しやすい仕組みであるのに対し、勤務時間限定は「所定労働時間に対する限定対象者の勤務時間に比例」とする以外に格差の理由付けがしにくい点にあるものと考えられます。

4 報酬項目ごとの報酬格差設定の考え方（基本給・諸手当・賞与）

基本給・諸手当・賞与といった報酬項目ごとに、無限定正社員に対する限

図表4-4 ■ 報酬格差を設定する場合の考え方

報酬項目	無限定正社員に対する限定正社員の報酬格差設定の考え方
①基本給	・報酬の根幹を構成する要素であり、「無限定正社員と限定正社員の違い」を最も反映すべき格差付けの主要反映対象となる。 ・格差設定の具体的方法として、基本給テーブルは総合型・限定とも共通基準として、限定のみ一定の減額率（または総合型のみ一定の増額率）を反映する方法、総合型と限定で格差を反映した別々のテーブルを2本設定する方法がある。
②諸手当	・手当の性格により格差設定の考え方は異なる。
A. 労働自体の見返りに相当する手当	・固定時間外手当、営業手当など労働自体の見返りに相当する手当項目については、限定正社員の業務が限定される程度に応じて格差を設定するケースが多い。
B. 役割や社内資格に対する手当	・役職手当、資格手当など社内での役割やステイタスに対する手当項目については、限定正社員の業務限定の程度にかかわらず役割発揮が認められる趣旨から、格差を設定しないケースが多い。
C. 生活保障等を目的とした属人的手当	・家族手当、住宅手当など業務自体に関連しない属人的手当項目については、限定正社員の業務限定の程度を反映するのは趣旨にそぐわないため、格差を設定しないケースが多い。
③賞与	・会社および社員の業績に対する配分要素であり、「無限定正社員と限定正社員の違い」を「業績に対する貢献度の違い」として反映し、格差付けの根拠とするケースが多い。 ・格差設定の具体的方法としては、①基本給に準じて同様の方法をとるケースが多い。

※会社として無限定正社員希望者を優遇する目的で、諸手当項目に「総合型手当（無限定正社員に対するプレミアム加算）」を設定し、無限定正社員に支給するケースも多く見られます。
※基本給の昇降給に関しては、限定正社員の基本給テーブルに反映する水準格差（減額率または増額率）の割合に応じて、昇降給額・率を調整する必要があります。

定正社員の報酬格差を設定する場合の考え方を整理すると、**図表4-4**の通りとなります。例えば、基準となる基本給テーブルに対して限定正社員に一定の減額率を設けるケースでは、昇降給にも同様の減額率を反映して設定することとなります。昇降給額表（金額）、昇降給率表のいずれについても、考え方は同様です。

以降、勤務地限定・勤務時間限定・職務限定の3つのパターン別に、具体的な給与制度設計について解説していきます。

第2節
勤務地限定正社員の給与制度概要

1　給与制度設計の基本的考え方

無限定正社員に対する勤務地限定正社員の報酬格差設定の根拠としては、「会社の命令により随時異動・転勤を余儀なくされる無限定正社員に対し、本人の自己選択により異動・転勤を一定範囲・地域に限定もしくは異動・転勤の対象外とすることにより生じる、無限定正社員の会社貢献度や負担感に対する不均衡・不公平感を緩和」することであると考えられます。

具体的に、報酬格差水準をいかに設定するかは論理的な根拠付けが難しく、「何％に設定したら何人の希望者が見込まれるか」を正確に想定することはなかなかできないのが実情です。しかし、「報酬格差水準の幅を大きめに設定するのか、小さめに設定するのか」によって、会社としてどのような政策的効果が見込まれるのか、どういった懸念事項があるのかについて、予め意識しておくことは極めて有用でしょう。

限定正社員制度全般に関しては既に前述で整理した通りですが、**図表4-5**では特に勤務地限定正社員のケースに絞り、報酬水準格差設定の傾向別の

「想定される効果」「懸念点」について整理しますので、参考にしてください。

図表 4-5 ■ 勤務地限定正社員と無限定正社員との報酬格差傾向

	想定される効果 【メリット面】	懸念点 【デメリット面】
無限定正社員の報酬にプレミアム加算 例1）新基本給［総合型］ 　　＝現行基本給×105％ 例2）総合型を対象とした「総合型手当」を 20,000 円／月支給	・異動・転勤に制約のない総合型優遇の強いメッセージ効果があり、地域水平展開を急速に図りたい場合に極めて効果的。 ・勤務地限定に報酬減額がなく、総合型と平行して地域密着型人材も活用したい場合に有効。	・総合型の選択者が多い場合、人件費コストパフォーマンスが低下する懸念。 ・総合型の選択者が多い場合、総合型の中で異動頻度が高い者と、低い者の間で不公平感が生じる懸念。
限定正社員に大きく格差設定 例）新基本給［限定］ 　　＝現行基本給×75％	・会社としての人材活用の自由度を低下させる恐れのある勤務地限定希望者を抑制する上で効果的。 ・会社の人材活用上、制約ある社員の人件費を抑制でき、人件費コストパフォーマンス向上に有効。	・報酬減額が大きいため勤務地限定を選択しにくく、何らかの事情で選択を希望する社員の不満を招きやすい懸念。 ・ワーク・ライフ・バランスに不熱心な会社、とのマイナスメッセージ効果。
両制度間の格差をつけない・限定正社員の格差を小さく設定 例）新基本給［限定］ 　　＝現行基本給×97％	・勤務地限定選択を推奨する強いメッセージ効果があり、地域密着型人材を活用したい場合に効果的。 ・ワーク・ライフ・バランスに熱心な会社、とのプラスのメッセージ効果。	・勤務地限定の選択者が多い場合、会社としての人材活用の自由度が想定以上に低下する懸念。 ・総合型の異動・転勤頻度が多い場合、不均衡・不公平感が増大する懸念。

2 給与制度設計のポイント

　無限定正社員、勤務地限定正社員双方の公平感・納得感を併せ持つ制度設計を行うためには、以下の３つのポイントに十分留意する必要があります。

(1) 異動・転勤頻度や転勤地域による報酬水準格差の設定

　異動・転勤頻度や転勤地域（一定範囲に限られるか、遠隔地転勤があり得るか）など、会社貢献度や社員本人の負担感を考慮して報酬水準格差を設定する必要があります。

　例えば、無限定正社員であっても転勤しない社員が相当数存在するなど、異動・転勤頻度が高くない場合、20％を超過する基本給減額などの大幅な報酬水準格差の設定は避けるのが望ましいといえます（限定正社員希望者の不満を助長し、制度の形骸化を招きかねないため）。

　また、海外や国内遠隔地への異動・転勤など、無限定正社員を選択したことにより配慮すべき相当の会社貢献度・本人の負担感が生じ得る場合は、無限定正社員の納得感・公平感を満たし得る一定の報酬水準格差を設定します。水準格差設定の選択肢として、限定正社員に対する大幅な報酬減額による方法だけでなく、無限定正社員に対するプレミアム加算など（限定正社員の報酬減額を伴わない）、選択肢の幅を広げて検討することが望ましいでしょう。

(2) 異動・転勤の展開範囲・地域に応じた勤務地限定パターンの設定

　会社拠点の地域展開が広域に渡る場合、社員のワーク・ライフ・バランス意識への受け皿を多様化する観点から、異動・転勤の展開範囲・地域に応じて複数の勤務地限定パターンを設けるケースが増加しています。勤務地限定パターンの複線化に伴い、それぞれのパターン間で納得感・公平感を満たし得る報酬水準格差のパターンを組み合わせることが必要となります。

具体的な導入事例として、「無限定正社員」、「転居を伴う転勤の対象とならない限定正社員」の他に、一定範囲の地域内に限って異動または転居を伴う転勤の対象となる「エリア（地域）限定正社員」を設けるケースが多く見られます。

また、「エリア限定正社員」を設ける場合は、「転居を伴う転勤の対象とならない限定正社員」との間で、社員の納得感・公平感を満たし得る階差を反映した報酬水準格差を設定する必要が生じます。

【報酬水準格差の設定例】
　▶「転居を伴う転勤の対象とならない限定正社員」の基本給
　　＝無限定正社員ベースの基本給×90％
　▶「エリア限定正社員」の基本給
　　＝無限定正社員ベースの基本給×95％

---

(3)　無限定正社員との報酬水準格差の設定

勤務地限定正社員を新たに導入する場合、無限定正社員との間で実際にどの程度の報酬水準格差を設定すべきか、限定正社員に適用する報酬減額率を具体的にどう設定すべきか、極めて悩ましい問題です。報酬水準格差のルールを正式に確定する前に、事前に慎重に準備し、打てるべき手は打っておくことが望まれます。

具体的には、限定正社員制度を選択する可能性のある社員を事前に想定しておき、そうした社員に実際に限定正社員の報酬制度が適用された場合の水準格差がどの程度の金額になるか、現行・新制度間の移行シミュレーションを実施しておきます。現在の報酬水準によっては、減額率を実際に当てはめてみると想定以上に減額幅が大きかった、という事態もよく生じるので、「机上の空論」での制度設計で済ませずに、実在の社員に当てはめての移行シミュレーションはぜひ行っておきたいところです。

また、限定正社員に対して、無限定正社員に対するマイナス（減額）の報酬水準格差を設定する場合、限定正社員を希望する社員からは報酬水準が下がることに対する強い不満が出る場合も多いです。こうした不満を完全に解消することは難しいですが、可能な限り正式導入直前の1回きりの社員説明会で済ませるのでなく、正式導入の数ヵ月前から「制度の詳細は検討段階」という前提で、2〜3回程度に段階的に分けて社員説明会を行うような丁寧な取り組み姿勢が望まれます。労働組合がある場合は、検討の早い段階から事前協議を行っておきましょう。

3　地域別報酬水準区分を設定する場合の考え方

　無限定正社員・勤務地限定正社員間の報酬水準格差設定に際して、会社拠点の地域展開が国内各地広域に渡る場合、首都圏ブロック・京阪神ブロック・中京ブロックなどと一定範囲のブロックごとに区分設定を行うケースが多く見受けられます（エリア（地域）限定正社員）。

　ブロックごとに報酬水準格差の区別を設ける根拠としては、地域ごとの賃金水準や物価水準の違い（厚生労働省や総務省で毎年、データを公表）を総合的に反映する、というケースが多いでしょう。これら格差の根拠となる水準データを各拠点が存在する都道府県別に反映する導入事例も見られますが、会社としての報酬水準管理のしやすさや社員にとってのわかりやすさな

図表4-6 ■ 報酬水準格差の区分を一定範囲ごとに設定する例

勤務地ブロック	対象となる勤務地限定範囲	基本給支給率（対無限定正社員比率）
A	東京・神奈川・千葉・埼玉	97%
B	大阪・兵庫・愛知	95%
C	北海道・宮城・広島・福岡	92%

どの観点から、やはり一定範囲のブロックごとに報酬水準区分を設定するケースが多いようです（**図表4-6**）。

第3節 勤務時間限定正社員の給与制度概要

1 給与制度設計の基本的考え方

　無限定正社員に対する勤務時間限定正社員の報酬格差設定の根拠としては、「所定労働時間の勤務が義務付けられるフルタイムの無限定正社員に対し、本人の自己選択により勤務時間を一定時間数・割合で限定することにより生じる、無限定正社員の負荷・負担感に対する不均衡を解消」することであると考えられます。

　具体的に報酬水準格差をいかに設定するかは、勤務地限定正社員や職務限定正社員と比べて論理的な根拠付けが可能であり、通常は所定労働時間に対する短縮時間に比例して機械的に減額率を設定することとなります（**図表4-7**）。

　図表4-7のような無限定正社員（フルタイム勤務）に対する短時間勤務のパターンを設定する際しては、「ターゲットとする勤務時間限定正社員の主たる属性にとっての使い勝手」に配慮する必要があります。

　例えば、育児・介護といった家庭的事情を持つ社員をメインターゲットとする場合、家族を施設に送り迎えする時間や家族の世話に要する時間を勘案して、できる限り時間短縮を小刻みに、パターン数を多めに設定することが望ましいでしょう。一方で、会社としての業務特性上、時間短縮の刻み方やパターン設定数には一定の限界もあり、「主な対象となる社員の使い勝手」と「会社としての業務特性上の限界」の双方から落とし所を検討することになり

図表 4-7 ■ 勤務時間区分別・基本給支給率表

【1 日当たり勤務時間による設定例】

勤務時間区分	基本給支給率
無限定正社員（フルタイム 8 時間勤務）	100％
7 時間勤務（1 時間短縮パターン）	87.5％（7 時間／ 8 時間）
6 時間勤務（2 時間短縮パターン）	75.0％（6 時間／ 8 時間）
5 時間勤務（3 時間短縮パターン）	62.5％（5 時間／ 8 時間）

【勤務日数区分別・基本給支給率表（1 週間当たり勤務日数による設定例）】

勤務時間区分	基本給支給率
無限定正社員（フルタイム 5 日／週勤務）	100％
4 日勤務（1 日短縮パターン）	80％（4 日／ 5 日）
3 日勤務（2 日短縮パターン）	60％（3 日／ 5 日）

ます。

2　給与制度設計のポイント

　無限定正社員、勤務時間限定正社員双方の公平感・納得感を併せ持つ制度設計を行うためには、以下の2つのポイントに十分留意する必要があります。

(1) 無限定正社員、時間限定正社員間の報酬格差の公正な設定

　無限定正社員、勤務時間限定正社員間の報酬格差の設定は、勤務時間自体に応じた、公正で説得力の高い基準による必要があります。

　裏を返せば、職務内容そのものにほとんど差がない場合、短縮時間の割合を超えて給与の減額を行うことは、同一労働同一賃金の観点および限定正社員の納得感の観点から、避けるべきであると考えられます。

勤務時間限定正社員の基本給テーブル設定の方法として、無限定正社員と区別して別テーブルを設定する方法、無限定正社員の基本給テーブルを基準として短縮時間に応じた減額率を設定する場合、の2通りが考えられます。それぞれのメリット面・デメリット面を整理すると、**図表4-8**の通りとなります。

【勤務時間限定正社員用に別の基本給テーブルを設定する例】
- 無限定正社員3等級の基本給テーブル上下限額
  上限額：300,000円
  下限額：250,000円
- 勤務時間限定正社員3等級の基本給テーブル上下限額（無限定正社員8時間勤務に対する1時間短縮の場合）
  上限額：262,500円（無限定正社員上限額×87.5％）
  下限額：218,750円（無限定正社員上限額×87.5％）

図表4-8 ■ 勤務時間限定正社員の基本給テーブル設定の方法

	想定される効果 【メリット面】	懸念点 【デメリット面】
無限定正社員・勤務時間限定正社員別にテーブル設定	・短縮時間のパターン数が少ない場合、運用が容易で対象者にとってもわかりやすい。	・短縮時間のパターン数が多い場合、テーブル数も多くなり運用に手間がかかる。
無限定正社員のテーブルを基準に、勤務時間限定正社員の短縮時間に応じた減額率を設定	・短縮時間のパターン数が多い場合でも、基準となるテーブルは1本なので運用しやすい。	・対象者にとっては、自分が該当する減額率をもとに計算する必要が生じ、ややわかりづらい。

なお、1日の勤務時間・1週の勤務日数の両方の要素により短縮時間のパターンを設定する場合も、あくまで無限定正社員の勤務時間に比例した給与格差（減額率）を設定するのが妥当と考えられます。

【1日の勤務時間×1週の勤務日数により勤務時間限定正社員の減額率を設定する例】
　1日の勤務時間6時間（フルタイム8時間）、1週の勤務日数4日（フルタイム5日）のケースの減額率設定 75％（6時間／8時間）×80％（4日／5日）＝60％

(2) 選択自由による給与に対する格差設定

勤務時間限定正社員を選択する事由として育児・介護といった家庭的事情に限定せず、「社員個々のライフスタイルに応じて、用意された短縮時間のパターンから本人意思を尊重して自由に選択可能」（家庭的事情以外の選択事由）とする場合、選択事由によって給与に対する格差設定（減額率設定）を区別するか、が検討課題となるケースが見られます。

しかし、ノーワーク・ノーペイや同一労働同一賃金の本来趣旨、また無限定正社員と勤務時間限定正社員間の公平感・納得感を考慮すれば、ここは事由の如何を区別[1]せずに、本来の「勤務時間に比例した給与格差（減額率）」の考え方を共通して適用することが妥当と考えられます。

---

1) 選択事由により給与格差（減額率）を区別する方法として、「育児・介護といった家庭的事情による場合」の減額率を時間比例より若干緩めて設定する方法も考えられます。しかし、この方法の場合、時間当たり給与水準で比較して無限定正社員との間で均衡が保てなくなる可能性が生じることに注意が必要です。

第4節
職務限定正社員の給与制度概要

1　給与制度設計の基本的考え方

　無限定正社員に対する職務限定正社員の報酬格差設定の根拠としては、「会社の命令により随時職種・職務の転換を余儀なくされる無限定正社員に対し、本人の自己選択により一定の職種・職務従事に限定し、職種・職務転換の対象外とすることにより生じる、無限定正社員との間のバランス感・公平感を反映」することであると考えられます。

　報酬格差水準を設定する際の論理的根拠付けとしては、限定対象となる職種・職務の専門性や難易度の高低、生み出す付加価値の程度等に応じた「職種・職務価値のレベル」によることが基本となります。

　したがって、「一定の職種・職務に限定される」点においては勤務地限定正社員や勤務時間限定正社員と同様に、無限定正社員に対する報酬水準格差を設定することとなりますが、「職種・職務価値のレベル」が極めて高いケース（例．最先端の研究開発職、高付加価値の金融トレーダーなど）については、無限定正社員の報酬水準を上回る格差設定を行う場合もあることに留意する必要があります。

　こうした点から、職務限定正社員の給与制度設計においては「職種・職務価値のレベル」の反映に適した職務給や職種別賃金、専門職コース区分などの活用を検討することも有効です。**図表4-9**で、こうした職務限定正社員の給与制度設計の方法論について特徴や留意事項を整理しましたので、参考にしてください。[2]

---
[2]　職務限定正社員を導入する際は、前述の勤務地限定正社員と併用するケースも多いことから（特定の拠点に特定の職種が集中して勤務する場合、例えば工場や研究所など）、「2．勤務地限定正社員の給与制度概要」の部分も併せてご参照ください。

図表 4-9 ■ 職務限定正社員の給与制度設計の方法論

	特徴	留意事項
①職務給 （職務等級）	・職務価値を基準とした職務等級をもとに、給与水準を決定。 ・特定職務を限定正社員の対象として設定した上で、無限定正社員と職務限定正社員双方を共通の職務等級で序列化し、給与水準を決定。	・職務価値を評価・分析して職務等級という共通の土俵で公正・納得感の高い給与水準決定が可能な一方、職務等級制度を導入する前提である職務評価・分析作業にノウハウが必要。
②職種別賃金	・営業職・製造職といった職種ごとの賃金ベンチマークをもとに給与水準を決定。 ・製造職など職務限定正社員対象となる職種を決定し、営業職など残りの職種は無限定正社員として設定。	・職能資格等級を導入していても、実質的に職務給に近い人件費コントロール効果が得られる一方、数年おきに職種別賃金ベンチマークを実施・反映する必要があり、運用はやや煩雑。
③専門職コース区分	・管理職に相当する階層など一定レベル以上の階層を対象に、高度な専門性に基づく一定職務への従事に限定する専門職コースを設定し、無限定正社員に相当する管理職（マネジメント）コースと区別して運用。	・先端分野の研究開発職など、付加価値の高い専門職の給与水準に対するプレミアム反映に適する一方、管理職コース不適格者の受け皿的な位置付けなど、本来の趣旨にそぐわない運用も見られる。

※上記③の「専門職コース区分」については、管理職に相当する階層だけでなく、一般職相当の階層から設定するケースも多く見られます。この場合、実質的には①職務給や②職種別賃金と同趣旨の仕組みになると考えられます。

【一般職相当の階層から専門職コースを設定する例】
- 配送専門職（トラックドライバー職）
  →無限定正社員給与水準の90％を基準に設定
- 先端領域研究開発職（博士課程修了者を対象）
  →無限定正社員給与水準の110％を基準に設定

第4章　給与・賞与・退職金制度の設計

2 給与制度設計のポイント

　職務限定正社員の給与制度設計を行う際は、今まで見てきた勤務地限定正社員、勤務時間限定正社員とは異なる観点から、以下の2つのポイントについて十分留意する必要があります。

(1) 職務限定の対象となる職種・職務間の報酬水準格差設定

　職務限定正社員の報酬水準格差決定にあたっては、無限定正社員との間の格差設定、職務限定の対象となる職種・職務間の格差設定のいずれについても検討が必要となります。

　これらを検討する上では、一定の公正性・納得性を担保できる客観的基準として、やはり信頼性の高い賃金世間水準ベンチマークが必須となります。

　一般的な認知度の高さ、サンプルデータ母数の多さ、調査対象職種の網羅性などを総合的に見ると、やはり厚生労働省の賃金構造基本統計調査の活用が最も有用と思われますが、調査対象職種として製造業系職種は極めて充実している一方、近年増加しているホワイトカラー系職種（IT系職種など）やサービス業系職種などはカバーしきれていない領域が多いことには注意が必要です。

(2) 報酬水準格差設定の基準を「職種・職務」と「勤務地」のどちらに置くか

　実際の制度設計や運用上、職務限定正社員と勤務地限定正社員の両方を併用しているケースが多く見られます（研究開発職が特定勤務地の研究所にのみ在籍するケース、物流オペレーション職が特定勤務地の物流センターにのみ在籍するケースなど）。

　こうしたケースで、報酬水準格差設定の基準を「職種・職務」と「勤務地」のいずれに置くべきか、という検討課題が生じます。

　本来は、ケースごとに「職務価値レベルの違い」を重視すべき場合は職務

限定正社員をベースに、「異動・転勤の有無に伴う会社貢献度や負担感の違い」を重視すべき場合は勤務地限定正社員をベースに報酬水準格差を設定することが妥当と考えられます。

実際の導入事例を見ると、会社側にとっての運用しやすさ、社員側にとってのわかりやすさの観点から、勤務地限定正社員の仕組みを前面に出したシンプルな報酬格差設定を行っているケースが多いようです。

> 【職務限定・勤務地限定正社員を併用して給与水準設定を行う例】
> - 製造職の職務限定・特定の工場のみの勤務地限定
>   →無限定正社員給与水準の90％を基準に設定
> - 物流オペレーション職の職務限定・特定の物流拠点のみの勤務地限定
>   →無限定正社員給与水準の85％を基準に設定

第5節 給与制度設計上の留意事項

給与制度を設計・運用するにあたっては、勤務地限定・勤務時間限定・職務限定正社員のいずれの場合も、以下の2点に留意する必要があります。

(1) 無限定正社員と限定正社員の給与水準格差の設定による人件費の増加

無限定正社員と限定正社員の給与水準格差の設定方法によっては、人件費の増加が生じるケースも考えられます（限定正社員の給与水準を現行どおり据え置き、無限定正社員の給与水準にプレミアム加算を設定する場合など）。

無限定正社員の選択を誘導するためにプレミアム加算を設定する場合は、そもそも、ある程度の人件費増加を見込んでおかなくてはなりません。しかし、人件費が大幅に増加してしまうリスクを回避したい場合は、プレミアム加算額を正式に確定する前に、選択対象となる社員に無限定正社員と限定正

社員のどちらを選択するかの事前アンケートをとっておくなど、精度の高い見込みを反映した加算額設定を行うことが効果的です。

(2) 無限定正社員と限定正社員の給与水準格差設定による不満の発生

無限定正社員と限定正社員の給与水準格差設定において、限定正社員の基本給テーブルに減額を反映する場合、対象となる社員に対して「給与を減額することが導入目的ではないか」との印象を抱かせ、人材流出の懸念が生じる可能性があります。

特に、現行では「正社員」という呼称で採用された社員に総合型・限定の区別がなく、実際に現在の勤務地から異動・転勤するケースも多くはなかった場合など、新たに勤務地限定正社員を導入して基本給テーブルに減額率を設定する際に、「現在の勤務地で働き続けるためには、基本給が下がってしまう（今までと変わらないのに給与が下がる）」というネガティブイメージが広がってしまうリスクも考えられます。

上記のように、いきなり社員の生活の基礎である基本給テーブルに減額を反映することにより社員に対するネガティブな刺激・影響が懸念され、かつ「無限定正社員に対するプレミアム加算」を導入するだけの人件費増加に耐え得る余裕もない場合には、報酬水準低下に対する激変緩和措置的な意味合いを持つ以下のような代替策を検討する必要があります。

① そもそも報酬水準自体に変更を加えるのでなく、昇格可能な等級の上限設定など、他の処遇格差反映策をとる（例えば無限定正社員は最上位等級の7等級まで昇格可能である一方、限定正社員は初級管理職の5等級までの昇格が上限）。
② 基本給テーブル自体は無限定正社員・限定正社員とも共通のものを設定し、昇降給額・率にのみ格差を設定する（例えば3等級の基本給テーブルの上限・下限は無限定正社員・限定正社員とも共通である一方、無限定正社員のB評価昇給額5,000円に対して限定正社員のB評価昇給額

は 90% 水準の 4,500 円に設定）。
③　基本給テーブルや基本給昇降給額は無限定正社員・限定正社員とも共通のものを設定し（基本給水準自体に変更は加えない）、賞与の支給水準にのみ格差を設定する（賞与に対する具体的な支給水準格差設定の方法については本章第 6 節参照）。

第6節
賞与制度設計上の留意点

1　賞与制度の種類

賞与制度は、主に以下の 2 つの目的をもって導入されることが一般的です。

①　社員の貢献意欲、業績への意識向上（→直近の功績を称えて報いる報奨金としての機能）
②　会社業績の安定化（→直近業績に応じた人件費のコントロール機能）

上記の目的を実現させるためには、「賞与算定方法を社員にとってわかりやすくすること」や「業績連動性を確保すること」が欠かせません。このような賞与に対する要請を実現させるために、賞与制度には主に 4 つの方式があります。

2　賞与制度の 4 つの方式

図表 4-10 の 4 つの方式にはそれぞれメリットとデメリットがあります。

図表4-10 ■ 賞与制度の4つの方式とそれぞれのメリット・デメリット

方式	想定される効果【メリット面】	懸念点【デメリット面】
①給与連動方式 給与の一部（基本給等）に、会社業績に基づく支給月数と、評価による係数を乗じて算出する方式	・シンプルな仕組みで、社員にとって理解しやすく、会社にとっても運用しやすい。	・給与が年功的に増えると、賞与も年功的に増えてしまう。
②別テーブル方式 給与とは異なる算定基礎額を等級や役職ごとに定めておき、その算定基礎額に支給月数や評価係数を乗じて算出する方式	・給与（基本給）から賞与を分離できる（⇒年功色の排除）。	・支給額に細かいメリハリがつけづらい。
③ポイント制方式 等級・役職と評価結果に基づく「ポイント」を別に定めておき、当該ポイントに「ポイント単価」を乗じて算出する方式	・給与（基本給）から賞与を分離できる（⇒貢献度を反映しやすい） ・業績に応じてポイント単価を細かく調整できる。	・社員にとってわかりづらい（⇒支給水準を想定しづらい）。
④裁量方式 部門ごとの業績に応じて一定の賞与原資を各部門に配分し、各部門長が裁量で部下への配分額を決定する方式	・評価制度ではくみ取れない細かい部分まで配慮した配分が可能になる。	・公平性を保ちづらい ・部門長に"ゴマをする"部下が出てくるおそれがある。

3 給与連動方式を採用している場合の留意点

　給与連動方式を導入している会社は、基本給部分で報酬格差をつけていれば自然と賞与でも同様の報酬水準格差がつきますので、賞与制度の部分で特別な設計をする必要はありません。

4 別テーブル方式を採用している場合の留意点

別テーブル方式を導入している会社は、基本給と賞与支給額が切り離された運用をしていますので、等級や役職別の基準額に対して地域係数（基本給に掛け合わせた係数と同様の数値）を掛け合わせて、コース別の報酬格差を設定することになります。

> 例）無限定正社員（全国勤務社員）の4等級（等級別基準額300,000円）社員の場合、
> 　　エリア限定正社員A（関東圏等の広域）であれば300,000円×0.97
> 　　エリア限定正社員B（通勤可能圏内）であれば300,000円×0.94
> 　　エリア限定正社員AからBに転換する場合であれば、
> 　　　　　　　　　　　　　（300,000円×0.97）×（0.94÷0.97）

5 ポイント制方式を採用している場合の留意点

ポイント制賞与制度を導入している会社は、基本給と賞与支給額が切り離された運用をしていますので、等級や評価に応じて配分されるポイント数に、地域係数（基本給に掛け合わせた係数と同様の数値）を掛け合わせて、コース別の報酬格差を設定することになります。

> 例）無限定正社員（全国勤務社員）の4等級、B評価の場合に170P配布される場合、
> 　　エリア限定正社員A（関東圏等の広域）であれば170P×0.97
> 　　エリア限定正社員B（通勤可能圏内）であれば170P×0.94
> 　　エリア限定正社員AからBに転換する場合であれば、

$$(170P \times 0.97) \times (0.94 \div 0.97)$$

6 裁量方式を採用している場合の留意点

　裁量方式としている会社は、柔軟性がある一方、何によって報酬格差がついているのか、わかりづらくなる恐れがあります。評価結果（能力の違い等）による格差なのか、勤務地や勤務時間、職務内容の違いによる格差なのか説明がしづらく、納得性も高まらないことがあります。

　社員の納得度、公平性を担保するためには、コース別制度の導入とあわせて賞与制度の見直しに着手することをお勧めします。

第7節 退職金制度の設計

1 勤務地限定正社員に対応した退職金制度

　多くの会社において、退職金制度は最終給与比例方式か、ポイント制退職金方式のいずれかの方式になっています。それぞれの場合で、勤務地限定正社員をどのように取り扱うのが適当か、考えてみましょう

(1) 最終給与比例方式の場合

　本章第5節の「給与制度の設計」でも述べたように、無限定正社員と勤務地限定正社員とでは基本給に格差をつけることが多く、通常は勤務地限定正社員の基本給水準が低くなります。このとき、無限定正社員で退職した場合と勤務地限定正社員で退職した場合とでは基本給に差がつきますので、結果

的に退職金にも差が生じてしまいます。

　在籍期間全体が無限定正社員、または勤務地限定正社員であれば問題ありませんが、例えば在籍期間のほとんどを無限定正社員として勤務して、定年退職前数年を故郷に戻って勤務地限定正社員として勤務した場合には、在職期間の大半であった無限定正社員の期間は考慮されず、水準の低い勤務地限定正社員の最終基本給で退職金を計算することになってしまう、ということが起こってしまいます。

　逆に、勤務地限定正社員である程度勤務していた社員が、最終的に無限定正社員として退職した場合、水準の高い無限定正社員の基本給で退職金を計算することもあり得るでしょう。

　最終給与比例方式を維持したままで、このように退職時が無限定正社員であるか、勤務地限定正社員であるかによって有利不利が出ないようにするためには、実務上の管理は煩雑にはなりますが、在籍期間における無限定正社員の期間と勤務地限定正社員の期間との割合を用いて退職金を計算する方法がよいでしょう。

　計算の実例を**図表4-11**に示します。計算の考え方は、無限定正社員で退

図表4-11 ■ 最終給与比例方式を用いる場合の調整方法

＜前提＞
・勤務地限定正社員の基本給＝無限定正社員の基本給×80％ ・以下の計算例Aさん、Bさん共に無限定正社員で勤務した期間10年、勤務地限定正社員で勤務した期間10年 ・勤務期間20年の退職金支給率10.0 ・自己都合退職係数0.8
＜基本給40万円で退職した無限定正社員のAさん＞
40万円×｛(10年＋10年×80％)／20年｝×10.0×0.8＝288万円
＜基本給32万円で退職した勤務地限定正社員のBさん＞
基本給を無限定正社員水準に換算　32万円÷80％＝40万円 40万円×｛(10年＋10年×80％)／20年｝×10.0×0.8＝288万円

職する場合も、勤務地限定正社員で退職する場合も、計算上基本給は無限定正社員の水準で考え、それに無限定正社員の期間と勤務地限定正社員の期間との割合から算定する乗率を掛けるというものです。この方法によれば、退職時が無限定正社員か勤務地限定正社員かによらず、また無限定正社員と勤務地限定正社員の期間のどちらが長いかによらず、退職金額は同じとなりますので、公平な計算方法であると言えます。

ただし、いずれにしても管理や計算が煩雑になりますので、最終給与比例方式を維持するよりも、次に示すポイント制退職金方式への移行をおすすめします。

(2) ポイント制退職金方式の場合

無限定正社員と勤務地限定正社員の基本給比率を使って、無限定正社員のポイントから勤務地限定正社員のポイントを設定するのが妥当と考えます(**図表4-12**)。

図表4-12 ■ ポイント制退職金方式のポイント設定方法

<前提>
・勤務地限定正社員の基本給=無限定正社員の基本給×80%

<退職金等級ポイント>

無限定正社員	ポイント
5等級	400
4等級	300
3等級	200
2等級	150
1等級	100

80%

勤務地限定正社員	ポイント
5等級	320
4等級	240
3等級	160
2等級	120
1等級	80

2　勤務時間限定正社員に対応した退職金制度

　最終給与比例方式の場合は、前項の(1)最終給与比例方式の場合を参考に、無限定正社員と勤務地限定正社員の基本給における水準差を、勤務時間の比率に置き換えて（例えば1日の所定勤務時間が8時間のところで、6時間勤務する場合は6 ÷ 8 = 0.75を乗率とします。）、計算をします。
　ポイント制退職金方式の場合も、無限定正社員の退職金ポイントに勤務時間の比率を掛けてポイントを算定します。

3　職務限定正社員に対応した退職金制度

　職務限定正社員のうち、高度専門職については長期勤続がなじまないケースもあるかもしれません。そのような場合には退職金制度を設けずに、給与と賞与のみで処遇するのも1つの方法と言えます。
　その他現業職、定型業務職、製造職については本節第1項と同様に取り扱います。

第5章

就業制度・育成制度の設計

第1節
勤務地・勤務時間・職務を限定した就業制度設計のポイント

1 設計に当たっての留意事項

(1) 新制度の企画立案

　勤務地・勤務時間・職務を限定した制度の設計に当たっては、次世代育成支援対策推進法への対応の他、国の施策やコンプライアンス、人材確保への対応を踏まえた経営トップの判断等、様々な契機が考えられます。いずれの契機であっても、人事制度全般の変更を伴うことが多いことから、人事部を中心とした新規プロジェクトを発足し、職場内のニーズを把握するため、社員に対してインタビューやアンケートを実施して、現状分析を行いながらプロジェクトを進めていくケースが通例です。

　特に、勤務地・勤務時間・職務を限定した就業制度については、新制度移行に伴い、各事業所の将来的な組織体制および人員配置に少なからず変化が生じることが予想されますので、事業運営に必要な人員数の継続的な維持が可能かどうか、今後どのような方法で人員確保を図っていくのか等、組織体制および人員配置の方向性についても、予め検討しておくことが重要となります。

　具体的な検討事項としては、以下①〜③の通りです。

① 勤務地限定

勤務地を限定する場合、その限定の程度により**図表5-1**の通り、大きく4つの区分に分けることができます。実際に検討する流れとしては、まず会社で「どの区分を採用するか」を決め、次に「各区分割合を決める」といった手順となります。

しかし、実際に勤務地限定制度を導入することになった場合、社員の希望と会社が当初想定する区分割合が同一の結果となることは、少ないものと考えられます。また、このような中で社員の希望に反して、一方的に勤務地限定制度を導入するのは、トラブルが発生するリスクが高く、現実的に困難と考えられます。

そこで、本人の意向を踏まえつつも、制度の移行をどのような形で円滑に進めていくかがポイントとなります。「報酬水準格差に関する諸点」を考慮しつつ、報酬水準格差を大きめにするのか、小さめにするのかについても、慎重に設定する必要があります。また、社員に対しては、各区分のメリット・デメリットを説明する機会として社員説明会を設ける等、理解を得るための方策も重要と考えられます。

図表5-1 ■ 勤務地限定の区分例

区分	転居の有無
① 勤務地限定なし	○
② エリア限定	○
③ 自宅から通勤エリア内	×
④ 特定の事業所に限定	×

② 勤務時間限定

勤務時間を限定するケースでは、その制限の範囲により、**図表5-2**の3つの区分に分けることができます。

図表 5-2 ■ 勤務時間限定の区分例

区分	内容
① 所定勤務時間を限定	・所定勤務時間の短縮 ・所定勤務日数の減少
② 時間外・休日勤務の制限	・1日8時間および1週40時間超の勤務を禁止 ・休日の勤務を禁止
③ 深夜勤務の制限	・22：00〜翌5：00の勤務を禁止

③ 職務限定

職務を限定するケースでは、その限定の範囲を特定する必要があります。ここでは、**図表5-3**の通り4つの区分例を紹介します。

職務を限定する場合、通常は区分例①を検討することになります。そこで問題となるのが、事業所の社員が全員区分①に該当する場合です。

区分①の者については、労働契約上、特定の職務のみ労務を提供する義務しかありません（会社に他の業務を命じる権利もありません）ので、欠勤した場合、他職種の社員がカバーすることはできないことになります。同様に突発的な業務量の増加に応じて他職種の社員がカバーすることもできません。

したがって、職務を限定した制度の検討に当たっては、実運用における組織体制や人員配置を考慮すると共に、②および③の例のように限定範囲

図表 5-3 ■ 職務限定の区分例

区分例	内容
① 職務の範囲を特定の職務にのみ限定する場合	○○職として○○業務に従事
② 事業の範囲を限定する場合	○○事業の業務に従事
③ 分野の範囲を限定する場合	○○分野の業務に従事
④ 職務の範囲を限定しない場合	職務の限定をしない

の程度を緩やかにする方法もなお検討の余地があると考えられます。

(2) 労使協議

　就業制度の変更は労働組合等と協議しながら進めていくのが通常です。一方で、プロジェクトの原案に対して反対意見が挙がることを考慮し、組合に事前協議することを躊躇する向きもあります。

　この点、限定正社員制度は労使双方にメリットがあると言える例も多くあります。組合からの要求に対する回答という形で制度導入できると、労使双方において成果を示すことが可能となり、導入後もより一体感をもって新制度を推進できるものと考えられます。

(3) 外部の意見を参考に最終調整

　以上のように、新制度の検討が一定程度進み、全体像が固まってきた段階で、就業規則や労働契約書に具体的な落とし込みを行います。

　就業制度に関する事項は、労働基準法（以下「労基法」と言う）をはじめとする労働関係法令と整合性を図る必要があります。特に限定正社員に関する制度については、複数の法令にわたってルール規制されており複雑と言えます。さらに、労働関係法令は頻繁に改正が行われることもあり、自社内で最新情報に合わせた形で過不足なく改定を行うことは、専属の担当者がいる場合を別として、現実的に困難な面もあると考えられます。

　また、就業規則の変更内容が合理的であり、かつ、社員へ周知が行われた場合、法的な権利義務関係が生じることになりますので、改定作業に当たっては、特に慎重に対応する必要もあります。

　そこで、この段階で一度外部のコンサルタント等専門家に法的な観点から意見を求め、最終調整を行う方法も効果的と考えます。なお、就業規則を変更した場合は、変更後の就業規則に事業場の過半数組合または過半数組合がない場合は労働者の過半数代表の意見書を添付した上で、所轄労働基準監督署に届出を行わなければなりません。

第2節
勤務地限定正社員の就業制度

　社員にとって「働く場所」は労働契約上の重要な要素ですが、これを変更することが認められるものとして、「転勤」があります。

　一般的には、従事する業務の内容や勤務地等について、会社がこれを決定する権限を有するものであり、特別な定めがない限り、会社が転勤を命ずることは原則として許されるものとされています。そのため、会社の転勤命令が、社員の適正配置や能力開発、業務運営の円滑化等、業務上の必要性が存在する場合、通常、社員は従わなければなりません。

　もっとも、無制限に会社の転勤命令が許されるわけではなく、次のような限界があります。

① 　均等待遇原則（労基法）、男女差別の規制（男女雇用機会均等法）
② 　労働契約上の特約
③ 　権利濫用

　例えば、転勤命令が不当な動機・目的をもってなされたものである場合や、社員にとって通常甘受すべき程度を著しく超える不利益を負わせるものである場合は、権利の濫用であり、認められるものではありません。

　また、育児や介護をする社員については、住居の変更を伴う勤務地の変更による通勤の負担や育児または介護の代替手段の有無等、諸般の事情に配慮することが義務付けられており、雇用の継続を困難にしたり、仕事と家庭の両立に著しい影響を及ぼしたりする場合は会社の転勤命令を拒否することができます。しかしながら、転勤命令が権利の濫用として無効になるケースや、転勤拒否について正当性が認められるケースは、高度なものが要求されているのが実態と言えます。

一方で、住居の変更を伴う勤務地の変更は、社員の私生活に著しい影響を及ぼし、社員を取り巻く環境によっては大きな負担と言えます。そこで、転勤を命じない、もしくは会社が有する転勤命令権が特約の範囲内に制限される勤務地限定正社員という選択肢は、場所的制約を抱えている社員にとって有効な制度であり、会社にとっても、優秀な人材の確保・定着や多様な人材の活用等に寄与することが見込まれます。

　勤務地限定正社員に求める役割や、本制度を導入することで得られる効果を検討し、会社方針および社員のニーズに応じて、どのような勤務地限定正社員制度とするか、法的留意点を踏まえて設計していきます。

1 適用する社員の範囲

　勤務地限定正社員制度の導入目的に応じて、いわゆる正社員の他、契約社員やパートタイマー・アルバイトといった非正規社員も含めて、どのような要件を満たす社員を対象とするか検討し、適用範囲を決定します（**図表5-4**）。

　適用範囲の検討にあたっては、対象者を特定し過ぎると、限られた社員し

図表5-4 ■ 適用する社員の範囲および要件例

適用する社員		目的	要件（例）
正社員	非正規		
○	○	優秀な人材の確保・定着	・1年以上継続勤務した正社員で育児・介護等、家庭の事情がある者
○	○	地域に根ざした事業展開	・非正規社員として2年継続勤務し、かつ、転換のための選考試験合格者
×	○	多様な人材の活用	・非正規社員として5年継続勤務した者 ・正社員であった者が退職後に再就職を希望するとき

か制度を利用できなくなる可能性があるので注意が必要です。社員1人ひとりが勤務地限定正社員制度について理解を示し、制度利用の有無にかかわらず協力し合うためにも、本制度の導入目的や本制度を導入することで得られる効果をより具体化して、これに沿った範囲を定めることがポイントです。

また、改正労契法による、いわゆる「無期転換ルール」の受け皿としての活用が考えられます。無期転換の労働条件は、別段の定めがない限り、直前の有期労働契約と同一とされています。有期労働契約社員は職務や勤務地が限定されていることが多いことから、勤務地限定正社員に転換する場合については、転換後の勤務地の範囲が有期労働契約社員であったときと同じ、または拡大してもそれほど変化しないものと考えられます。

2 勤務地限定正社員への転換制度

勤務地限定の区分を決定し、対象となる社員および勤務地限定正社員となるための要件を定めたら、次は具体的な転換時期や回数等を検討の上、勤務地限定正社員への転換制度を構築します。

転換制度の構築にあたっては、無限定正社員から勤務地限定正社員へ転換するケース、または、非正規社員から勤務地限定正社員へ転換するケースが想定されます。逆に、勤務地限定正社員から無限定正社員へ再転換できる仕組みもあることが望まれます。

転換制度の活用を促進するためには、社員の希望に応じて転換を認めたり、会社の事情により転換を求めたりする等、運用で実施するのではなく、社内制度として明確化を図ることが必要です。そうすることで社員が転換制度を理解した上で自由な意思で選択することができるため、紛争の未然防止にもつながります。

また、社員が誰でも自由に何度でも転換できるようにすると、会社における長期的な要員計画が立てにくくなったり、期待に沿う人材活用ができなく

なったりする可能性もありますので、予め勤務地限定正社員への転換時期や回数等を定めておきます。

さらに、社員に転換制度を躊躇することなく活用させるためには、転換後も無限定正社員であった者が無限定正社員に戻れる、または、非正規社員であった者が転換後、さらに無限定正社員になることができる等、能力や勤続年数等に応じて職務の範囲やレベルを上げることができ、モチベーションや生産性の維持・向上が図れるといった制度を用意することができるかがポイントです。

3 転換制度および限定内容の明示

会社と社員の双方が、「勤務地の限定がある」ことはもとより、「限定される範囲を理解している場合」や、「勤務地限定なし」と認識している場合、あるいは限定内容について認識が一致している場合には、限定をめぐって争いにはなりません。

勤務地の限定をめぐる争いが生じるのは、会社が限定の有無や内容について曖昧に運用し、会社と社員のいずれかが勤務地の限定があると認識し、他方が勤務地限定なしと認識している場合や、限定の内容について認識が一致していない場合が考えられます。このような、認識の不一致による紛争を未然に防ぐためにも、転換制度や限定内容を明確化することが求められます。

また、勤務地限定正社員への転換により、処遇（給与、昇進・昇格等）の変更を伴う場合には、転換によるメリット・デメリットを説明する機会として社員説明会を設ける等、理解を深めるための措置も重要になります。なお、社員にとって特に重要な処遇変更（給与の低下等）を伴う場合は、社員本人の同意を得る必要があることに留意しましょう。

勤務地限定正社員制度について、会社と社員の認識が共有されるようにするためには、次のような対応が考えられます。

(1) 就業規則での明示

　転換制度および限定内容、その他の処遇変更がある場合、就業規則等で定めると共に、労働契約の締結や変更（転換）の際に、限定内容について対象となる社員に書面で明示する。

(2) 限定内容の確認促進の書面明示

　労働契約の締結や変更（転換）の際に、限定内容の確認について促すことを明記した書面を対象となる社員に明示する。
　この場合、次世代育成支援対策推進法に基づく「行動計画策定指針（平成26年内閣府、国家公安委員会、文部科学省、厚生労働省、農林水産省、経済産業省、国土交通省、環境省告示第1号）」の雇用環境の整備に関する事項に、「職務や勤務地等の限定制度の実施」の規定があり、これに基づき制度化し、一般事業主行動計画に位置づけて公表する対応が考えられます。

　就業規則は、就業上の遵守すべき規律や労働条件に関する具体的細目等の重要なルールを定めたものであり、労基法において、常時10人以上の社員を使用する会社（事業場）に作成が義務付けられています。その違反に対する労働基準監督署による監督指導や罰則により、履行確保を図ることが可能であるため、転換制度および限定内容についての明示および周知にあたって、最も効果が高い方法であると考えられます。
　なお、法令等と就業規則は、**図表5-5**のような関係にあります。

図表5-5 ■ 法令等と就業規則との関係

※就業規則で定める規準に達しない労働条件を定める労働契約は、その部分は無効となります。ただし、就業規則において、勤務地を限定するような規定がなくても、労働契約において勤務地を限定する特約（個別合意）があれば、労働契約が有利であるため、労働契約が優先されることになります。

4 就業規則の規定例

(1) 勤務地限定の規定例

限定内容および転換制度を就業規則で明示する場合、次のような規定例が考えられます。

図表5-6 ■ 勤務地限定の規定例

限定の区分	規定例
① 限定なし	社員は、勤務地の制限なく転居を伴う全国異動を前提として勤務するものとする。
② 一定エリア内	勤務地限定正社員の勤務地は、原則として、採用時に決定した会社の定めるエリア内の事業所とする。
③ 通勤エリア内	勤務地限定正社員は、自宅から通勤可能なエリア内で勤務するものとする
④ 特定の事業所	勤務地限定正社員の勤務地は、労働契約書に定める事業所とし、事業所の変更を伴う異動は行わないものとする。

(2) 転換制度の規定例

非正規社員から勤務地限定正社員へ転換するケース

「第●条（勤務地限定正社員への転換）

　勤続●年以上の契約社員（非正規社員）が勤務地限定正社員への転換を希望するときは、原則2ヵ月前までに所定の申請書を提出しなければならない。

　2．会社は、勤務地限定正社員への転換を希望する契約社員の中から、選考試験に合格した者を勤務地限定正社員に登用する。」

無限定正社員から勤務地限定正社員へ転換するケース

「第●条（勤務地限定正社員への転換）

　勤続●年以上の正社員が勤務地限定正社員への転換を希望するときは、

原則2ヵ月前までに所定の申請書を提出しなければならない。
    2. 会社は、面接試験等の結果、転換を認める場合は、勤務地限定正社員に認定し、通知書により通知するものとする。
    3. 勤務地限定正社員から正社員への転換については、原則として転換後3年以内は行わないものとする。また、相互転換の回数は原則として2回までとする。」

5 労働契約の終了

　勤務地限定の区分および異動の範囲によっては、事業所の閉鎖等により、限定された範囲内での勤務が不可能となる可能性があります。
　この場合、勤務地限定の範囲が明確であっても、事業所の閉鎖等を理由に、直ちに解雇できるわけではありません。また、直ちに解雇回避努力が不要とされるものではなく、限定内容に応じて、同一の会社内での雇用維持のための解雇回避努力を行う必要があります。
　会社が事業所の閉鎖等に直面した場合は、可能な範囲で勤務地の変更を提案すると共に、それが難しい場合には代替可能な方策を講じることが求められます。それでも社員が受け入れないときは解雇とする、といったルールについて、社員と合意しておくことが、紛争を未然に防ぐために不可欠と言えます。

第3節
勤務時間限定正社員の就業制度

　社員の働く時間は、原則として就業規則等で定めなければならず、会社で定める始業時刻から終業時刻までの時間（休憩時間を除く）が原則として給

与の支給対象となる勤務時間です。

　通常の正社員が、就業規則等で定める勤務時間（所定勤務時間）を短縮できる制度として、育児介護休業法に定める育児のための所定勤務時間の短縮措置等を講じることが会社に義務づけられています。

　厚生労働省が公表する「平成27年度　雇用均等基本調査」によると、育児のための所定勤務時間の短縮措置等として、短時間勤務制度を導入する会社の利用者状況は、男女共に利用者がいた事業所の割合は1.1％、女性のみ利用者がいた事業所の割合は98.2％となっています。育児をする女性社員の短時間勤務制度の利用状況が高く、有効に機能していることがうかがえます。

　この結果から、勤務時間限定正社員制度は、女性活躍推進への寄与が期待されます。なお、同調査によると、短時間正社員制度（育児・介護のみを理由とする短時間、または短日勤務を除く）がある事業所の割合は15.0％であり、当該制度を導入する会社は多くない実態があります。

　勤務時間限定正社員が普及・拡大されない原因としては、通常の正社員の働き方が、長時間勤務や所定外勤務を前提としているため、勤務時間限定正社員に担当させる職務の切り出しが難しいことや、他の社員へ負担が生じることから、勤務時間限定正社員という働き方を選択しにくいこと等が背景にあると考えられます。

　勤務時間限定正社員制度が有効に活用されるためには、職場内の適切な業務配分や、職場の人員体制を整備すると共に、長時間勤務を前提としない職場づくり等の取組が必要です。

1　適用する社員の範囲

　勤務時間限定正社員制度の導入目的に応じて、いわゆる正社員の他、契約社員やパートタイマー・アルバイトといった非正規社員も含めて、どのような要件を満たす社員を対象とするか検討し、適用範囲を決定します（**図表5-7**）。

図表5-7 ■ 勤務時間限定を適用する社員の範囲および要件ならびに期間例

適用する社員		目的	要件および期間（例）
正社員	非正規		
○	○	優秀な人材の確保・定着	・育児休業から復職した正社員で子が小学校を卒業するまで ・介護休業から復職した正社員で申出があった期間 ・非正規社員として2年継続勤務し、かつ、転換のための選考試験合格者
○	ー	心身の健康不全等への対応	・5年以上継続勤務した正社員で私傷病により通院が必要な期間 ・障害のある正社員で申出があった期間
○	○	多様な人材の活用	・非正規社員として5年継続勤務した者（希望する期間） ・定年退職する者、または他社を定年退職した人材を新規雇用する者で65歳になるまで
ー	ー	新たな人材の獲得	・本制度の内容について理解し、合意がある者（希望する期間）

　勤務時間限定正社員制度の利用においては、周囲の社員や顧客・取引先の理解や協力が不可欠ですが、中には十分な理解や協力を得られず、制度の運用に支障を来すケースもあります。

　適用範囲の検討にあたっては、対象者を極端に限定せず、多くの社員が利用できるものにすることが、制度に対する当事者意識の形成につながり、制度利用者と周囲の社員等がお互いの立場を理解・尊重しながら、協力し合う環境の醸成につながります。

2　勤務時間限定正社員への転換制度

　勤務時間制限の区分を決定し、対象となる社員および勤務時間限定正社員

となるための要件を定めたら、具体的な転換時期や回数等を検討の上、勤務時間限定正社員への転換制度を構築します。

転換制度の構築にあたっては、制度導入の目的によって、正社員から勤務時間限定正社員へ転換するケース、または、非正規社員から勤務時間限定正社員へ転換するケースが想定されますが、勤務時間限定正社員の時間制約がなくなった場合には、正社員へ再転換できる仕組みを設けることが考えられます（**図表5-8**）。

勤務時間限定正社員制度の利用期間が長期化すると、通常の正社員への復帰または登用を念頭に置いた業務の配分がなされず、制度利用者のキャリア形成が阻害される可能性が出てきます。必要以上に利用期間を長期化させることなく、円滑に通常の正社員に復帰または登用できるように、会社におけるキャリアパスに沿った範囲を定めることがポイントです。

転換制度については、非正規社員であった者が勤務時間限定正社員へ転換後、さらに正社員になることができる等、転換後も能力や勤続年数等に応じてキャリアを積むことができる仕組みが定着すると、非正規社員の採用への貢献も期待されます。

図表5-8 ■ 勤務時間限定正社員の適用例

目的	育児・介護支援、心身の健康不全等	多様な人材の活用		新たな人材の獲得
		非正規社員の活用	高齢者の活用	
適用	正社員	非正規社員	正社員または入社者	入社者
	↓	↓	↓	↓
	勤務時間限定正社員			
	↓		↓	↓
	正社員	勤務時間限定正社員		正社員

3 転換制度および限定内容の明示

　勤務時間限定正社員制度が導入目的の達成に向けて円滑に運用され、定着していくかは、制度導入の際、制度への理解をどこまで深められるかによって大きく変わってきます。制度対象者、管理職、周囲の社員の理解が不足していると、制度が利用しにくくなり、円滑な運用が妨げられることが懸念されます。

　転換制度および限定内容について就業規則等で定めると共に、労働契約の締結や変更（転換）の際に、制限内容について社員に書面で明示する他、勤務時間限定正社員制度が明確に示されたガイドブックを配布する等の対応は、制度利用者にとって、キャリア形成の見通しがつきやすくなったり、ワーク・ライフ・バランスを図りやすくなったりする等、有効な手段と言えます。

　また、転換制度の運用にあたっては、管理職と制度利用者が、制度利用やキャリアプランについて話し合う上で参考となる情報（制度利用の平均的な期間、制度利用者の昇進・昇格の状況、制度利用後に正社員に復帰または登用した社員数等）が公表されている等、透明性のある運用が望まれます。

4 就業規則の規定例

(1) **勤務時間限定の規定例**

　限定内容および転換制度を就業規則で明示する場合、次のような規定例が考えられます。

図表5-9 ■ 勤務時間の制限の規定例

制限の区分	規定例		
① 制限なし	正社員の勤務時間は1週40時間、1日8時間とし、始業・終業時刻および休憩時間は次の通りとする。		
	始業時刻	終業時刻	休憩時間
	午前9時	午後6時	正午から1時間
② 所定勤務時間の短縮	勤務時間限定正社員の勤務時間は1週40時間、1日8時間以内とし、原則の始業・終業時刻および休憩時間は次の通りとする。		
	始業時刻	終業時刻	休憩時間
	午前9時	午後6時	正午から1時間
	2. 勤務時間限定正社員の勤務時間は、1日1時間以上、最大2時間の範囲で短縮できるものとし、申出者の希望により原則の始業および終業時刻を30分単位で変更することができるものとする。		
③ 時間外勤務の免除	勤務時間限定正社員の勤務時間は1日8時間以内とし、所定勤務時間を超える勤務を行わないものとする。		
④ 深夜勤務の禁止	勤務時間限定正社員から申出があった場合は、原則として昼間勤務へ転換させるものとし、深夜勤務（午後10時から翌朝午前5時まで）を行わないものとする。		

(2) 転換制度の規定例

非正規社員から勤務時間限定正社員へ転換するケース

「第●条（勤務時間限定正社員への転換）

　勤続●年以上の契約社員（非正規社員）が勤務時間限定正社員への転換を希望するときは、原則として2ヵ月前までに所定の申請書を提出しなければならない。

　2. 会社は、勤務時間限定正社員への転換を希望する契約社員の中から、選考試験に合格した者を勤務時間限定正社員に登用する。」

通常の正社員から勤務時間限定正社員へ転換するケース

「第●条（勤務時間限定正社員への転換）

　勤続●年以上の正社員が勤務時間限定正社員への転換を希望するとき

は、原則として2ヵ月前までに所定の申請書を提出しなければならない。
  2. 会社は、面接試験等の結果、転換を認める場合は、勤務時間限定正社員に認定し、通知書により通知するものとする。
  3. 勤務時間限定正社員から正社員への転換については、申請事由が消滅した場合を除き、第1項の申請書に記載された期間は行わないものとする。ただし、満60歳以上の勤務時間限定正社員は正社員に転換しないものとする。」

第4節 職務限定正社員の就業制度

　新規学卒者を採用する際、従事する業務の内容や勤務地等を決定する前に、人物重視で受け入れ、会社で教育してから適材適所に配置するという手法がわが国では一般的ですが、資格が必要とされる職務や、特に高度な技術または専門性を期待して、経験を積んだ者を採用することがあります。

　終身（長期）雇用を前提としていた典型的な正社員とは異なり、必ずしも長期雇用を前提としておらず、各社横断的にキャリアアップを行う、といったプロフェッショナルな働き方が活躍する中で、職務限定正社員制度は一層重要性を増していくものと考えられます。

　第1章第2節第2項で述べたとおり多様な正社員の雇用区分を導入している会社の割合は51.9％です。これらをさらに細かく見ると、そのうち職務限定正社員は9割、勤務時間限定正社員は約1～2割、勤務地限定正社員は4割となっており、職務限定正社員の導入が最も多いケースとなっています（なお複数の雇用区分を組み合わせて導入している会社が重複しています）。

　職務限定正社員制度の活用として、同一の会社内で他の職務と明確に区分することができる場合には、特定の職務のスペシャリストとしてキャリアアップすることが考えられます。

また、一般に職務が限定されている非正規社員が、継続的なキャリア形成によって、特定の専門的な職業能力を習得し、それを活用して自らの雇用の安定を実現することを可能とする働き方としても期待されます。

1　適用する社員の範囲

　職務限定正社員制度の導入目的に応じて、正社員の他、契約社員やパートタイマー・アルバイトといった非正規社員も含めて、どのような要件を満たす社員を対象とするか検討し、適用範囲を決定します（**図表5-10**）。

　職務限定正社員制度は、改正労契法による、いわゆる"無期転換ルール"の受け皿としての活用が考えられます。一般に職務が限定されている非正規社員が、職務限定正社員に転換した場合、職務能力および職務内容に変わりがなくても、給与制度の設計によっては、人件費の増加が懸念されます。

　しかしながら、意欲や能力のある社員を埋もれさせることなく活かすことは、人材確保の観点からも有効であり、周囲の社員に良い刺激を与えること

図表5-10 ■ 適用する社員の範囲および要件例

適用する社員		目的	要件（例）
正社員	非正規		
○	○	優秀な人材の確保・定着	・1年以上継続勤務した正社員で職務遂行に必要な資格を持つ者 ・非正規社員として2年継続勤務し、かつ、転換のための技術試験合格者 ・同一業務または同一事業（分野）に3年以上従事経験があり、技術試験合格者（入社者）
×	○	多様な人材の活用	・非正規社員として5年継続勤務した者 ・正社員であった者が退職後に再就職を希望するとき

が期待できます。

2 職務限定正社員への転換制度

　職務限定の区分を決定し、対象となる社員および職務限定正社員となるための要件を定めたら、具体的な転換時期や回数等を検討の上、職務限定正社員への転換制度を構築します。

　職務限定正社員の場合、業種の特性や制度導入の目的によって、多様な転換制度が考えられ、また、他の雇用区分（勤務地限定正社員、勤務時間限定正社員）と比べて、処遇（特に給与）の変更が生じる可能性があることが特徴です。そのため、転換時期や回数に上限を設ける対応も考えられます。

　また、事業に必要な人材の配置および必要な人材の能力を考慮して、転換制度を活用したモデルケースのシミュレーションを示す等、社員のモチベーション維持・向上に資する仕組みとすることがポイントです。

3 転換制度および限定内容の明示

　職務限定正社員への転換により、処遇（給与、昇進・昇格等）の変更を伴う場合には、職務内容および職務ごとの責任や役割が明確であり、その職務遂行の難易度や責任の大きさに応じて給与に差をつけ、ルールに則って運用されている必要があります。

　職務限定の範囲や職務内容について曖昧に運用すると、トラブルの原因になり得ると共に、処遇変更（特に給与の低下）が不当になされたものと解される可能性が生じます。紛争を未然に防ぐためには、転換制度および限定内容について就業規則等に具体的に定めると共に、給与規程等において、転換前と転換後の給与をできるだけ開示する他、労働契約の締結や変更（転換）

の際に書面で明示する対応が望まれます。

また、転換によるメリット・デメリットを管理職から社員にしっかり説明できるよう、管理職の理解を深めるための教育が求められます。

4 就業規則の規定例

(1) 職務限定の規定例

限定内容および転換制度を就業規則で明示する場合、次のような規定例が考えられます。

図表5-11 ■ 職務限定の規定例

限定の区分	規定例
①限定なし	社員は、職務の制限なくあらゆる職種・職務に従事することを前提として勤務するものとする。
②一定の事業	職務限定正社員は、原則として、●●事業の業務に従事するものとする。
③一定の分野	職務限定正社員は、原則として、●●分野の業務に従事するものとする。
④特定の職務	職務限定正社員は、労働契約書に定める業務に従事するものとし、原則として職務の変更は行わないものとする。

(2) 転換制度の規定例

非正規社員から職務限定正社員へ転換するケース
「第●条（職務限定正社員への転換）

　勤続●年以上の契約社員（非正規社員）が職務限定正社員への転換を希望するときは、原則2ヵ月前までに所定の申請書を提出しなければならない。

　2. 会社は、職務限定正社員への転換を希望する契約社員の中から、選

考試験に合格した者を職務限定正社員に登用する。」

通常の正社員から職務限定正社員へ転換するケース

「第●条（職務限定正社員への転換）

　勤続●年以上の正社員が職務限定正社員への転換を希望するときは、原則2ヵ月前までに所定の申請書を提出しなければならない。

　2．会社は、面接試験等の結果、転換を認める場合は、職務限定正社員に認定し、通知書により通知するものとする。

　3．職務限定正社員から正社員への転換については、転換後3年以内は行わないものとする。また、相互転換の回数は原則として2回までとする。」

5 労働契約の終了

(1) 整理解雇

　特定の職務に限定する場合は、職務の廃止により、限定された範囲内での勤務が不可能となる可能性があります。この場合、職務限定の範囲が明確であっても、職務の廃止を理由に、直ちに解雇できるわけではありません。また、直ちに解雇回避努力が不要とされるものではなく、限定内容に応じて、同一の会社内での雇用維持のための解雇回避努力を行う必要があります。

　限定された職務が高度の専門性、それに応じた高い職位や処遇を伴わない場合、または当該職務が他の職種の職務と差異が小さい場合には、解雇回避努力として配置転換が求められる傾向があります。

　職務を廃止しなければならない場合は、可能な範囲で他の職務への変更を提案すると共に、それが難しい場合には代替可能な方策を講じることが求められます。それでも社員が受け入れないときは解雇とする、といったルールについて、社員と合意しておくことは、勤務地限定正社員制度で述べたことと同様です。

なお、限定された職務が高度の専門性、それに応じた高い職位や処遇を伴う場合、または当該職務が他の職種の職務と明確な差異がある場合には、解雇回避努力の内容として、配置転換に限らず、退職金の上乗せ、再就職支援等をもって、解雇回避努力を尽くしたとされる場合があります。

(2) 能力不足解雇

　特定の職務に限定する場合は、職務遂行能力が低いため、その職務を任せることができない事態が想定されます。職務限定の範囲が明確な場合に、能力不足解雇が解雇権濫用に該当しないか否かの判断については、整理解雇法理のような判断の枠組みは確立されていませんが、職務が限定されていない場合に、能力不足を理由に直ちに解雇し、紛争となった場合は、解雇権濫用とされる傾向が見られます。

　限定された職務が高度の専門性、それに応じた高い職位や処遇を伴わない場合には、限定がない場合と同様に、その職務に必要な能力を習得するための教育訓練の実施や警告による改善のチャンスを与える必要があると判断される可能性があります。

　なお、限定された職務が高度の専門性、それに応じた高い職位や処遇を伴う場合には、警告は必要とされるものの、高い能力を期待して雇用していることから、その職務に必要な能力を習得するための教育訓練の実施は必ずしも求められない傾向が見られます。高い能力を期待して雇用する場合には、解雇になり得る事由について、書面で明示する等、慎重に対応する必要があります。

第5節
限定正社員就業制度の設計・導入のケース

　現状の課題解決を目的とした就業制度の立案から構築までの一連の流れを体験していただくことを目的に、以下では架空の会社（以下「A社」と言う）を題材として取り上げます。なお、題材については、筆者のこれまでのコンサルティング支援から得た経験等を抽出して提示したケースであることにつき、予め御承知置きください。

(1) 導入の背景・目的

　A社は、社員数約1,000人の小売業の事業会社で、全国に店舗を有しています。

　A社では、近年の人材難から社員の採用に課題を抱えており、また、採用に至った場合であっても、短期間で離職するケースも多く、さらに、新卒・中途を含め新規採用を行った正社員のうち、3年で約50％が退職するといった状態が続いていました。このような状況の中、A社では社員の定着を図るため、アルバイトから正社員への登用制度を含め、中長期的な観点から業務遂行に必要な知識や技術の習得し、その能力を発揮・活躍できる人材を育成する環境づくりが喫緊の課題でした。

　一方、改正労契法によって、平成30年4月から順次対象となる有期労働契約の無期雇用化（以下「無期転換ルール」と言う。詳しくは第1章第4節第4項参照）への対応が必要となるところ、現在A社で勤務する有期労働契約社員の多くは職務や勤務地、勤務時間が限定されているため、無期転換後の受け皿をどうするか検討を迫られていました。なお、A社では約7割が有期労働契約社員で占められ、有期労働契約社員のおよそ半数が勤続5年を超えている状況でした。

　他方、育児や介護等の事情により、働き方に一定の制限を受ける社員が今

後増加することが予想され、これらの社員が離職することなく、継続して就労できる環境整備も求められていました。

そこで、現状の課題への対応策として、A社では無期労働契約社員においても職務を限定するケース、勤務地を限定するケース、勤務時間を限定するケースといった働き方のバリエーションを増やすことで、雇用の継続性を担保し、長期的な視点に立った人材育成を図ると共に、無期転換ルールへの対応、ワーク・ライフ・バランスの支援等を踏まえ、無期労働契約の限定正社員制度の導入を検討することとしました。

(2) 現在のA社の雇用形態

図表5-12 ■ 社員区分別雇用形態比較（現行）

社員区分	雇用形態 (契約期間)	勤務時間	異動	給与形態
正社員	無期	フルタイム	転居あり	月給
契約社員	有期 (1年更新)	フルタイム	なし	月給
アルバイト	有期 (3ヵ月更新)	パートタイム 週28〜35時間未満	なし	時給
		パートタイム 週20時間未満		

※アルバイト（週20時間未満）は社会保険未加入です。

(3) 導入の手順

① 業務内容の整理

A社の業務内容は、本社と店舗の業務に大きく2つに分けることができ、社員区分に整理すると以下の通りです。

【正社員】
- 本社において、仕入、商品開発、管理等に関する業務
- 店舗において、店舗の運営管理一般に関する業務（店長）

【契約社員、アルバイト】
- 店舗において、商品販売の業務
- 店舗において、店舗の運営管理の補助業務（店長代理）[1]

② 新たな就業制度の設計

イ）職務に関する検討

　A社では近年正社員の離職が多い状況となっており、本来正社員が配置される店長ポストに欠員が生じています。また、実態としても、店長ポストの欠員を契約社員で補充している店舗も一部存在します。

　さらに、契約社員・アルバイトの中長期的なキャリア形成の観点からも、エリア社員と呼ばれる社員区分を新設しました。将来的に販売だけでなく、店長の業務への職域拡大を見据えた上で、就業制度を設計することが重要と考えたためです。

ロ）勤務地に関する検討

　現行のルールでは、正社員については、転居を伴う異動が求められる一方、契約社員・アルバイトについては、異動はないものとされていました（事業所限定）。

　ただし、新設したエリア社員については、新制度導入に伴う職域の拡大に併せ、長期的な人材活用を行う視点や、人事管理の一層の弾力的な運用を確保する観点から、転居を伴わない事業所間の異動を想定した制度を構築することとしました。

ハ）勤務時間に関する検討

　エリア社員は、フルタイムあるいはパートタイムという所定勤務時間の違いにより、それぞれ「エリア社員A」と「エリア社員B」の2区分に分け、両区分間の区分は社員からの申出により変更できるものとしました。

　パートタイムの「エリア社員B」を設定した理由は、社員の中には、

---

1) 正社員の業務範囲である店長業務については、契約社員・アルバイトの業務と一部重なり合う中間的な業務も存在します。

職務遂行上の能力が高いにもかかわらず、短時間就労を希望する者や、育児・介護等家庭の事情でフルタイムの就労が困難な者に対し、中長期的なキャリア形成を確保することとし、社員区分の転換の機会を逸することのないように配慮したものです。

　「エリア社員 A（フルタイム）」は、基本的に「契約社員」からの転換を想定していますが、「正社員」からの転換も一定の要件の下で可能としました。

　一方、「エリア社員 B（パートタイム）」は、基本的に「アルバイト」からの転換を想定しています。現行の「アルバイト」では週20時間未満の者も存在していますが、「エリア社員 B」に転換した場合、週28〜35時間の範囲内で勤務することとしました。

　したがって、「アルバイト」から「エリア社員 B」への転換に伴い、社会保険に加入することが必要となります（被保険者500人以上のため）。また、社員区分における給与計算を画一化するため、時給制から月給制（時間単価に基づき月例給を設定）に移行することとしました。

③　労働条件の設定

　「エリア社員」は、新卒・中途採用だけでなく、無期転換ルールによる有期労働契約社員の無期雇用化に伴う「契約社員」または「アルバイト」からの転換の受け皿となることも想定しています。

　そのため、「エリア社員」の処遇については、現行の「契約社員」や「アルバイト」の処遇を考慮しつつ、下記の2点を勘案しながら設定する必要があります。

①　職務限定範囲の変更（拡大）
②　勤務地限定範囲の変更（拡大）

　まず、上記①については、商品販売の業務に加え、これまで「正社員」の店長が担っていた店舗の運営管理一般に関する業務を行うようになるた

め、「エリア社員」へ転換すると同時に、職務範囲が拡大することになります。

次に、上記②については、現行では勤務地が同一の事業所に限定されていた者が、「エリア社員」へ転換すると同時に、自宅から通勤可能な範囲内において、他事業所への異動も想定されることになります。

④ 人材育成（キャリア形成）の検討

A社の契約社員について、現行制度でも1年に1度の昇給は制度として設けられていましたが、昇給に関する人事考課や昇給額はルール化されておらず、A社を退職した者の離職理由としては、「特に不満があるわけではないが、この先3年後どのように働いているのか将来が見えない。」といった不満の声もありました。社員が将来のキャリアを描くことを容易にし、各人の生活のステージや、意欲・能力に応じてチャレンジできる仕組みの構築が必要であったのです。

図表5-13 ■ 社員区分別雇用形態比較

名称	雇用形態（契約期間）	勤務時間	異動	給与形態	昇給	賞与	退職金
正社員	無期雇用	フルタイム	転居あり	月給	評価に応じて昇給	業績連動	確定拠出年金
エリア社員A	無期雇用	フルタイム	転居なし事業所間あり	月給	評価に応じて昇給	業績連動	確定拠出年金
エリア社員B		パートタイム週28〜35時間					
契約社員	有期雇用（1年更新）	フルタイム	なし	月給	評価に応じて昇給	業績連動	確定拠出年金
アルバイト	有期雇用（3ヵ月更新）	パートタイム週28〜35時間	なし	時給	なし	なし	なし
		パートタイム週20時間未満					

※エリア社員A・Bの社員区分を新設しました。
※アルバイト（週20時間未満）は社会保険未加入です。

そこで、「契約社員」から「エリア社員」、「エリア社員」から「正社員」へキャリア形成に応じた転換制度を設けると共に、その登用基準を設定し、これを全社員に周知し、透明化を図ることとしました。

⑤　無期転換を行う社員の選抜ルール

「契約社員」または「アルバイト」から「エリア社員」に無期転換を行う際は、以下のルールに基づいて選抜することとしました。

- 原則として、入社から5年後の契約更新時に転換を行う
- 所属長の推薦に基づき、本社人事部門の面接に基づき選抜

⑥　事業所閉鎖時等の場合の対応

「エリア社員」が勤務する事業所の廃止等に直面した場合は、原則として、本人への配置転換の打診を行うこととしました。また、配置転換を受け入れるのが難しい場合は、解雇回避努力として、退職金の上乗せや再就職支援を行う方策を講じることにより、紛争を未然に防止することとしました。

(4) 限定正社員導入の効果、課題について

① 　導入の効果

- 「契約社員」、「アルバイト」から「エリア社員」への転換により、業務範囲が拡大し、処遇が改善することから、仕事にやりがいを感じるとの声を聞くようになりました。
- 「契約社員」、「アルバイト」の雇止めの不安が解消されました。

② 　課題

無期雇用化に伴う人件費増加が課題となっており、助成金の活用等を検討しています。

育成制度の設計

1　育成体系・キャリア構築の全体像

　限定正社員の育成、キャリアの構築の全体像について考えていきます。

　限定正社員となる選択タイミングは各社の方針により異なる部分ではありますが、会社のスタンスとして、無限定正社員とは別の確立されたキャリアを用意すること（無限定正社員より劣っていると思わせないこと）、限定正社員には相応の期待役割があることを常に伝え続けることが重要であると考えます。

　一般的に、限定正社員を選択すると、自分は無限定正社員と違うと感じて、責任が軽減されると捉えてしまいがちです。確かに限定の度合いに応じて処遇に差がつくことは想定されますので、その分責任が軽減される側面はあるかもしれません。しかし限定とはいえ求められる成果を出すための責任については明確に求めていくことを予め言及しておくべきです。

2　限定正社員のパターンごとの検討

　次に、勤務地限定、勤務時間限定、職務限定、それぞれのパターンごとに考えていきます。

　勤務地限定の場合は、できる限り地域に関する知識や人脈を生かして成果を発揮してもらうことがポイントになります。例えば営業の仕事であれば、その地域の取引先やチャネルと深い関係を築き、地域におけるトップ営業マンを目指してもらいます。

勤務時間限定の社員については、限られた時間の中で最大限の成果を出してもらえるよう、生産性の高さ、スキルアップに重点をおくことがポイントになります。物理的に勤務可能な時間が短くなるため、従事できる職務が自ずと限られてくるかもしれません。場当たり的ではなく、勤務時間限定の社員に適切な職務をよく精査し、その職務で最大限成果を上げられるよう、支援体制を整えることが求められます。

　職務限定の場合はスペシャリストとして、その職務に関しては他者に指導ができるくらいの専門スキルを身につけてもらうことがポイントになります。職務限定の場合は、運送業における大型車のドライバーやメーカーにおける研究職など、特定の資格を要する職種に多く見られます。別の職種に従事することを想定していないということは、言い方を変えれば限定された職種においては最大限の能力発揮・成果が求められるということです。期待通りの成果を出している社員、一定のレベルを超えた社員に対しては、キャリアステップの1つとして、「エキスパート」や「マイスター」のような社内称号を与え、それに応じて処遇に差をつけたり、昇格要件として新たな資格を設定したりすることで、スキルを可視化する仕組みを作るとよいです。

　上記に記載したような事例のイメージで、限定正社員は無限定正社員と比べて責任が軽減されるというよりは、各人の役割に応じた働きが必要であることを日々のコミュニケーションの中で明確に伝えることが必要です。

3　勤務地限定正社員に対応した育成制度

　ここからは、コース区分別のキャリアイメージに応じた育成方法についてさらに個別具体的に考えていきます。勤務地限定正社員は、基本的に無限定正社員と業務内容や役割に差がないというケースがほとんどかと思います。

　そのため、若手社員のうちに行うスキルアップトレーニング等は、勤務地にかかわらず全国一律の設計で問題ありません。一方で、長期的な視点での

図表 5-14 ■ コース区分による昇進上限例

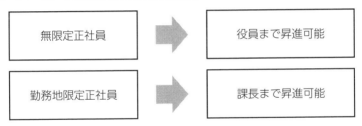

　教育を考えた際に、コース区分別にどのようなキャリアを歩むのか、そこに向けてどこまでの能力を身につけるべきかについて考える必要があります。そういう意味では、無限定正社員と勤務地限定正社員で、昇格・昇進の上限を設定しているケースがあり、一定の時期から差がつくようになります。

　例えば、無限定正社員は役員まで昇進可能だが、勤務地限定正社員の場合は課長まで、といった形です。コース区分に応じてこのようなキャリアイメージの差を設定する場合には、予めそれを伝えた上で、勤務地限定とするか否かを選択するよう伝えてあげて、それぞれのキャリアを順当に歩んでいけるよう、後押しが必要です。

4 勤務時間限定正社員に対応した育成制度

　育成の話に入る前に、勤務時間限定か否かの選択タイミングについて考えてみると、大きくは以下の2通りが考えられます。

① ライフイベントの発生時に選択可能 → 育児・介護支援のため
② 入社時または入社から一定期間経過後に選択可能 → ワーク・ライフ・バランスや自己啓発等、働き方を柔軟にするため

　前者は自身だけでなく、主には家族の事情によるもので、現段階では、主

に女性に対して起こり得ることが想定されます（今後は男性の割合も増えていくと想定されています）。一方、後者は昨今の価値観多様化によるものであり、特に家族の事情や、やむを得ないものということではありません。

　勤務時間限定のコース区分を導入する際に、上記①、②のいずれの基準を採用するかによって必要なキャリア教育は異なるように思います。いずれにしても育児や介護などのライフイベントに関する教育は今後必須になっていきます。

　最近はさすがに「寿退社」はスタンダードではなくなったように思いますが、それでも妊娠や出産を控えて、会社に復帰することに強い不安を抱く社員は多くいます。勤務時間限定正社員の制度は、そのような状況にいる社員の活躍を後押しする制度ですから、早い段階で、キャリアに関する教育、ライフイベントを迎えた際に、限定正社員制度という育児・介護との両立を支援する制度があることを周知すべきです。

　後者を採用している場合は、やや前者と趣が違う内容となります。自身のワーク・ライフ・バランスや趣味に時間を使いたいという社員にとっては、長く勤めるモチベーションの1つになります。このようなケースの場合は、勤務地限定正社員と同じ考え方で、昇進に一定の制限を求めるケースが多くあります。よって、若手社員の段階、もしくは入社直後から2つの選択肢を用意していることを伝え、自身がキャリア志向で役職者を目指していきたいのか、それともマイペースな働き方を保っていきたいのか、自身の志向について検討する時間を用意することが重要と考えます。

5　職務限定正社員に対応した育成制度

　職務限定正社員は、その名の通り、職務を限定した働き方をする社員であり、高度専門職だけでなく現業職・定型業務職・製造職であっても原則は専門職＝スペシャリストとなります。そのため、求められる能力や専門性を磨

いていくためのキャリアイメージと、それを実現するためのトレーニングを用意しておきたいところです。

　職務限定正社員の場合、基本的には職務を遂行する能力を高めていくことが求められるため、言い方を変えれば、「どの段階で、どのような能力が必要なのか」を明確にして、本人に把握させる必要があります。可能な限り等級定義やスキルマップのようなものを用意して、それに応じたトレーニングプログラムを用意することが求められます。

　また、昇格時に資格取得や試験受講を必須にすることも1つの方法です。キャリア教育も一定期間は必要ですが、職務限定正社員の場合、傾向としては役職者（マネジメント）より専門職（スペシャリスト）を目指す割合が高いと思われますので、主には能力と専門性伸長をバックアップするような育成制度の構築が必要となります。

図表5-15 ■ 職務限定社員には等級ごとにスキルや資格を明確にする

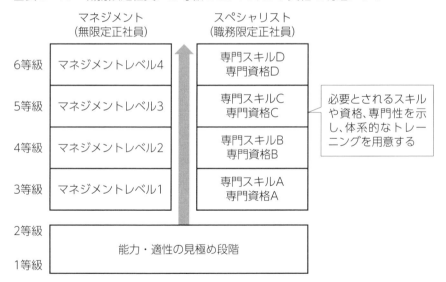

第6章

制度移行・運用の注意点

第1節
制度移行時の留意点

　勤務地、勤務時間、職務のいずれを限定する場合であっても、その限定内容を具体的に明示することは、転勤や配置転換などに関する紛争を未然に防止するためにも不可欠です。

　また、限定内容を具体的に定めることで、社員にとってもキャリア形成やワーク・ライフ・バランスの実現が図りやすくなるメリットがあります。

1　意思確認をしっかり取り、記録に残すこと

　入社時に転勤の有無、本人の希望を口頭で確認するのみに留まっていたり、積極的に全国展開を進める以前に入社した社員が多数在籍したりするような会社で、新たに限定正社員のコース制度を導入する場合に、直近の本人の意向をあらためて確認することを行わず、トラブルに発展するケースが発生しています。

　制度導入前にあらためて本人へのアンケートや面談を実施する等して意向を確認することは欠かせません。例えば、**図表6-1**のような意向確認の対応が求められます。また、意思確認の取り方と留意点については以下の通りです。

図表6-1 ■ 意向確認の対応方法例

区分	対応方法の例
制度導入前に入社した社員への対応	・アンケート配布により本人の意向を確認。本人の意向は尊重するが、選ぶコースによっては給与が変動する旨を説明。 例）旧総合職→全国型社員（給与同水準） 　　旧総合職→勤務地限定正社員（給与減）
制度導入後に入社した社員への対応	・入社面談時に希望するコースを確認して決定（記録は必要） ※コースにより処遇に違いがでることについて明確に説明。

① 労働契約の締結や変更の際に、限定内容について社員に書面で明示すること。
② 限定の内容が当面のものか、将来にわたるものかについて明示すること。

　具体的な明示方法としては、就業規則に雇用区分とその定義（職務や勤務地限定など）を定め、労働契約書や辞令、その他の方法で各社員に明示するなどの方法が考えられます。
　労働条件の明示に関しては、労契法4条に記載されており、書面による労働契約の内容確認の対象として、職務や勤務地の限定も含まれます。

（労働契約の内容の理解の促進）
労契法4条1項
　使用者は、労働者に提示する労働条件及び労働契約の内容について、労働者の理解を深めるようにするものとする。

> 2項
> 　労働者及び使用者は、労働契約の内容（期間の定めのある労働契約に関する事項を含む。）について、できる限り書面により確認するものとする。

2　運用ルールをいつでも誰でも確認・閲覧できるように就業規則等に明記しておくこと

　就業規則等への記載の仕方について、例えば以下のような記載の仕方が考えられます。

(1)　就業規則等への労働条件の明示の仕方（勤務地限定の例）

勤務地限定のない雇用区分の例
「勤務地は限定せず、会社の定める国内・海外の事業所とする。」
「勤務地の制限なく、転居を伴う全国異動を前提として勤務するものとする。」

勤務地を一定地域内に限定する雇用区分（エリア内異動）の例
「勤務地限定正社員の勤務地は、会社の定める地域内の事業所とする。」
「勤務地限定正社員の勤務地は、原則として、採用時に決定した限定された地区とする。」
「勤務地限定正社員は、勤務する地域を限定し、都道府県を異にし、かつ転居を伴う異動をしないものとする。」
「勤務地限定正社員は、原則として、本人の同意なく各地域エリアを越えて転居を伴う異動を行わない。」

勤務地を通勤圏内に限定する雇用区分の例
「勤務地限定正社員の勤務地は、採用時の居住地から通勤可能な事業所とする。」

図表 6-2 ■ エリアの設定例

ブロック区分（例）	都道府県
北海道・東北エリア	北海道、青森、岩手、秋田、宮城、山形、福島
関東エリア	東京、神奈川、埼玉、千葉、茨城、栃木、群馬
東海エリア	愛知、岐阜、静岡、三重
近畿エリア	大阪、兵庫、京都、滋賀、奈良、和歌山

※中国・四国・九州には出店していません。

「勤務地限定正社員は、本人の同意なく転居を伴う異動を行わないものとする。」

勤務地を特定の事業所に固定する雇用区分の例

「勤務地限定正社員の勤務場所は、1事業所のみとし、事業場の変更を伴う異動は行わないものとする。」

「勤務地限定正社員の勤務場所は、労働契約書に定める事業所とする。」

(2) 就業規則等への労働条件の明示の仕方（勤務時間限定の例）

所定勤務時間を限定する雇用区分の例

「勤務時間限定正社員は、1年間の所定勤務日数を 150 日以上 250 日以内、所定勤務時間数を 1,000 時間以上 1,700 時間以内の範囲で労働契約により定めるものとする。」

「勤務時間限定正社員の勤務時間は、1日6時間とする。各勤務日の始業・終業時刻は前月 20 日までにシフト表により定めるものとする。」

図表 6-3 ■ 勤務時間限定正社員の勤務時間（シフト制）記載例

始業時刻（例）	終業時刻（例）	休憩時間（例）
9 時 00 分	16 時 00 分	12 時 00 分から 13 時 00 分まで
11 時 00 分	18 時 00 分	14 時 00 分から 15 時 00 分まで

時間外労働を行わない雇用区分の例
「勤務時間限定正社員は、1日の勤務時間を8時間とし、所定勤務時間を超える勤務を行わないものとする。」
「会社は、勤務時間限定正社員の所定勤務時間を延長して勤務することを命じないものとする。」

(3) 就業規則等への労働条件の明示の仕方（職務限定の例）
職務限定のない雇用区分の例
「会社が命じた職務に従事する」
「職務区分に限定がなく、経営組織上の基幹的業務に従事する。」
「企画立案、折衝調整、営業、管理業務にわたる総合的な業務を行う。」
職務の範囲を限定する雇用区分の例（限定の範囲が狭い例）
「職務限定正社員は、限定分野の定常的な基幹業務を行う。」
「職務限定正社員は、限定分野の定常業務を行う。」
特定された職務に限定する雇用区分の例（限定の範囲が広い例）
「職務限定正社員は、一定の職務区分において、その職務区分ごとに必要とされる業務に従事する。」
「職務限定正社員は、法人顧客を対象とした営業業務に従事する。」
「職務限定正社員は、販売職として、商品の販売業務に従事する。」

(4) その他円滑な移行を進める際のポイント
　限定正社員の円滑な導入・運用を実現するためには、社員に対し情報提供を行い、労使で十分に協議を行うことが大切です。社員の納得を得られて初めて、円滑な導入・運用が実現します。

　① 制度の設計、導入、運用に当たって、社員に対する十分な情報提供と、社員との十分な協議を行う。
　② 労働組合との間での協議、また、労働組合がない場合であっても過半

数代表との協議を行うなど、様々な社員の利益が広く代表される形でのコミュニケーションを行う。
　③　事業所増設の場合等、状況が変更したときには限定の有無について労使間であらためて決定する。

　なお、過半数代表については公正性を担保するため、適正な手続で選任されること、身分が保障され不利益な取扱いを受けないようにすること、全ての限定正社員または社員の利益を代表するように努めること等が求められます。

(5) その他移行時の留意点（地域ごとの給与水準の違いを考慮したコース移行の実施）

　地域支店の給与水準と東京本社の給与水準が大幅に異なるような場合、全国勤務型としてそのまま移行すると、どちらかの給与が想定以上に上がってしまうか、下がってしまうことも考えられます。

　基本給に地域係数をかけたり、地域手当の金額差をつけたりすることでの対応も考えられます。しかし移行時のコストアップをおさえるために移行前の各地域の給与水準に合わせると、新制度の地域係数や地域手当の額のバランスがとりづらくなるケースもあります。

　上記の地域係数や地域手当の設定でバランスをとることが難しい場合は、各地域支店の旧総合職の標準的な移行先を勤務地限定正社員にすることも選択肢としてあり得ます。ただし、その場合は、実態として他エリアへの転勤がほとんどないような場合である必要があります。

第2節
制度運用時の留意点

　特にコース間の柔軟な異動、相互選択性を担保するよう設計することは制度導入の目的を実現する上でとても重要です。

　例えば、いったん地域限定型で働く選択をすると、全国勤務型には戻れないとした場合、昇進昇格や昇給が早いタイミングでストップしてしまうことになります。結果として、社員の事情に応じた柔軟な働き方ができず、非常に使いづらい制度という印象をもたれて制度が形骸化してしまうことになりかねません。

　一方で、あまりにも頻繁、自由なコース変更を可能にする運用は、会社にとっては戦略的な人員配置、人事異動を進める上で支障になりかねません。

　そこで、社員が処遇やキャリアを自己選択しようとする際の自由度と、会社にとっての運用のしやすさ（人員配置、人事異動等）をバランスよく両立するために、コース転換要件の定め方等に各社、様々な工夫をこらしていますので、具体的なポイントにつき事例を踏まえてご紹介します。

1　コース転換要件の設定ポイント

(1) 非正規雇用社員から限定正社員への転換について

　無制限な転換は、会社にとっては人事戦略（人員構成、人件費）の修正等を迫られることがあるため、会社ごとの事情に応じて転換制度の応募資格や転換要件、転換時期等について検討しておく必要があります。

　転換制度の活用を促進、円滑な運用を進めていくためには、転換に関するルールを就業規則等で明確に定め、社員に周知徹底しておくことが欠かせません。

(2) 正社員と限定正社員間の転換について

　無制限な転換は、会社にとっては人事戦略（人員配置、人事異動）の修正等を迫られることがあるため、会社ごとの事情に応じて、転換要件、転換時期、回数制限等について検討しておく必要があります。

　転換制度の活用促進や運用上のトラブル回避のため、運用ルールを就業規則等で明確に定め、社員に周知徹底しておくことが欠かせません。転換は重要な労働条件の変更となることから、必ず本人の同意を得ることが必要です。

　キャリア形成への影響やモチベーション維持の面からすると、限定正社員から正社員へ再転換できるような柔軟な運用をしておくことをお勧めします。コース転換制度（多様な正社員への転換制度）に関し、参考になる法律としては、労契法3条がそれに該当します。

（労働契約の原則）
労契法3条3項
　労働契約は、労働者及び使用者が仕事と生活の調和にも配慮しつつ締結し、又は変更すべきものとする。

2　コース転換に関する就業規則等の規定例

　非正規雇用社員から限定正社員へと転換する場合については第5章で記載したとおりです。本節では、それ以外の転換のケースについての規定例を取り上げます。

(1) 限定正社員から正社員へ転換する場合の例
転換の回数、役職・年齢等を制限するケース
「ⅰ．勤務地限定社員から全国勤務社員への転換を希望する者は、2ヵ月前

図表6-4 ■「多様な正社員」から「いわゆる正社員」への転換の条件

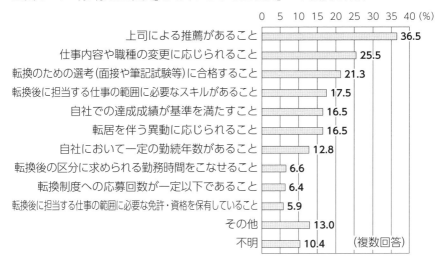

図表6-5 ■「いわゆる正社員」から「多様な正社員」への転換の条件

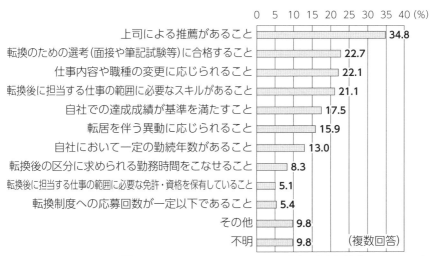

出所：厚生労働省（2012）「『多様な形態による正社員』に関する研究会報告書」（企業アンケート調査結果）

　　　　までに所定の申請書を会社に提出しなければならない。
　　ⅱ．前項の勤務地限定正社員は、係長級以上であって資格等級２級に２年以上在任したものであること。
　　ⅲ．会社は、登用試験、人事面接等の結果転換を認める場合、合格した者を全国勤務社員に認定し、人事通知書により通知するものとする。
　　ⅳ．前項の全国勤務社員から勤務地限定正社員への転換については、転換後３年以内は行わない。また、相互転換の回数は２回までとする。」

転換の回数、役職・年齢等を制限しないケース
「ⅰ．勤務地限定正社員から全国勤務社員への転換を希望する者は、２ヵ月前までに所定の申請書を会社に提出しなければならない。
　ⅱ．会社は、登用試験、人事面接等の結果転換を認める場合、合格した者を全国勤務社員に認定し、人事通知書により通知するものとする。」

会社都合により転換するケース
「ⅰ．会社は、やむを得ない業務上の都合により、勤務地限定正社員に対し本人の同意を得て、期間を定め全国勤務社員として勤務を命ずることがある。
　ⅱ．前項の場合、全国勤務社員として勤務する期間は、全国勤務社員としての処遇を受けるものとする。」

(2) 正社員から限定正社員へ転換する場合の例

転換の随時申請を認めるケース（転換の理由を問わない場合）
「ⅰ．全国勤務社員から職務限定正社員への転換を希望する者は、２ヵ月前までに所定の申請書を会社に提出しなければならない。
　ⅱ．会社は、人事面接等を行った結果転換を認める場合、職務限定正社員に認定し、人事通知書により通知するものとする。」

介護等特別の事由によるケース
「ⅰ．次のいずれかに該当する場合に、全国勤務社員から勤務地限定正社員への転換を希望する者は、原則としてその事由が発生する２ヵ月前に、

所定の申請書を会社に提出しなければならない。
　　　ア　扶養する2親等内の親族の介護等が必要なとき
　　　イ　本人の傷病等により、転居を伴う異動が困難となったとき
　　　ウ　その他転居を伴う異動を行うことが困難な特別の事情があるとき
　ⅱ．会社は、人事面接等を行った結果転換を認める場合、勤務地限定正社員に認定し、人事通知書により通知するものとする。
　ⅲ．会社は、1項の事由がなくなったときは、本人の申出により全国勤務社員への転換を行うものとする。」

転換の回数、役職・年齢等を制限するケース
「ⅰ．全国勤務社員から勤務地限定正社員への転換を希望する者は、2ヵ月前までに所定の申請書を会社に提出しなければならない。
　ⅱ．前項の全国勤務社員は、係長級以上であって資格等級3級に2年以上在任したものであること。
　ⅲ．会社は、人事面接等の結果転換を認める場合、勤務地限定正社員に認定し、人事通知書により通知するものとする。
　ⅳ．前項の勤務地限定正社員から全国勤務社員への転換については、転換後3年以内は行わない。また、相互転換の回数は2回までとする。」

転換の回数、役職・年齢等を制限しないケース（人事面接等により判断する場合）
「ⅰ．全国勤務社員から勤務地限定正社員への転換を希望する者は、2ヵ月前までに所定の申請書を会社に提出しなければならない。
　ⅱ．会社は、人事面接等の結果転換を認める場合、勤務地限定正社員に認定し、人事通知書により通知するものとする。」

転換の回数、役職・年齢等を制限しないケース（本人の希望のみにより転換する場合）
「ⅰ．全国勤務社員から勤務地限定正社員への転換を希望する者は、2ヵ月前までに所定の申請書を会社に提出しなければならない。
　ⅱ．会社は、特別の事情がない限り、勤務地限定正社員に認定し、人事通

知書により通知するものとする。」

3 その他転換制度設計上の留意点

(1) 転換は必ずしもキャリアの変更を伴わないこと
　勤務地、勤務時間、職務が限定されても、その範囲やそれにより習得する能力が、下記例①・②のように無限定正社員と比較した際にその差が小さい場合には、キャリアの変更ではなく、「労働条件の変更」として扱う方が、社員のモチベーションや生産性の維持・向上等の観点から望ましいと考えられます。
　その場合には、きちんとした人事評価を行うことを前提とし、職務の経験や職業能力の開発、昇進・昇格のスピード・上限等に差を設けない、あるいは差をできるだけ小さくするような制度設計が求められます。

　例①　無限定正社員が勤務時間限定正社員に転換する場合で、それが所定外勤務の免除であるときや、短縮後の勤務時間が無限定正社員の所定勤務時間と格差が大きくないとき
　例②　無限定正社員が勤務地限定正社員に転換する場合で、それが勤務地の範囲が狭くなるだけで職務の内容の変更が小さいとき

　ただし、限定の種類、範囲、期間、時期等は会社ごとに異なりますので、具体的な転換制度の要件、キャリアへの影響については、会社ごとにその事情に応じて労使で十分に話し合って設定することが望ましいです。

(2) 男女雇用機会均等法等の不利益な取扱い等
　各社において転換制度を設計するに当たっては、以下の3点にも留意しましょう。

- 男女雇用機会均等法により、昇進、職種の変更に当たって合理的な理由なく転居を伴う転勤に応じることを条件とすることが間接差別に当たること。
- コース別雇用管理を行う場合に、その必要性やコース区分間の処遇の違いの合理性について十分に検討し、性別によって異なる取扱いがなされないよう適正に運用すること。
- 育児介護休業法により、3歳に満たない子を養育する労働者等からの申出により所定勤務時間の短縮等の措置を講じたことを理由として不利益な取扱いをしてはならないとされていること。

巻末

限定正社員制度に関連する助成金情報

　2013（平成25）年4月に改正労契法が全面施行され、早ければ2018（平成30）年4月には対象の有期契約労働者について無期労働契約への転換に対応することになります。このように非正規雇用社員に対する処遇の見直しなど、会社を取り巻く環境が変化している中で、2017（平成29）年2月現在、雇用保険において非正規雇用社員のキャリアアップを促進する目的で助成金制度が行われています。法改正に対応した非正規雇用社員の各種限定正社員（多様な正社員）への転換や、人材育成、制度の改定を行う際に活用してみてはいかがでしょうか。

1　キャリアアップ助成金の概要

　「キャリアアップ助成金」は、有期契約労働者、短時間労働者、派遣労働者といった、いわゆる非正規雇用労働者の会社内でのキャリアアップなどを促進するため、正社員化、人材育成、処遇改善などの取組を実施した事業主に対して助成する制度です。主に次の3つのコースがあります。

①　正社員化コース
　　有期契約労働者等を正規雇用労働者、多様な正社員等に転換または直接雇用した場合に助成
②　人材育成コース
　　有期契約労働者等に特定の訓練を実施した場合に助成
③　処遇改善コース

有期契約労働者等に特定の処遇改善の取組を実施した場合に助成

なお、この助成金における「中小企業事業主」の範囲は、以下の通りです。

業種	資本金の額・出資の総額		常時雇用する労働者数
小売業・飲食店	5,000万円以下	または	50人以下
サービス業	5,000万円以下		100人以下
卸売業	1億円以下		100人以下
その他の業種	3億円以下		300人以下

2 正社員化コース

助成金の支給額は以下の通りです（カッコ内は大企業の場合）。

① 有期雇用から正規雇用：1人当たり60万円（45万円）
② 有期雇用から無期雇用：1人当たり30万円（22.5万円）
③ 無期雇用から正規雇用：1人当たり30万円（22.5万円）
④ 有期雇用から多様な正社員：1人当たり40万円（30万円）
⑤ 無期雇用から多様な正社員：1人当たり10万円（7.5万円）
⑥ 多様な正社員から正規雇用：1人当たり20万円（15万円）
※①～⑥合わせて1年度1事業所当たり15人まで

さらに、転換した社員が以下の要件を満たす場合は、助成額が加算されます。
- 派遣労働者を派遣先で正規雇用または多様な正社員として直接雇用した場合

①③：1人当たり30万円（大企業も同額）加算
　④⑤：1人当たり15万円（大企業も同額）加算
- 母子家庭の母等を転換等した場合や、若年雇用促進法の基づく認定事業主が35歳未満の者を転換等した場合
　①：1人当たり10万円（大企業の同額）加算
　②～⑥：1人当たり5万円（大企業も同額）加算
- 勤務地、職務限定正社員制度を新たに規定した場合
　④⑤：1事業所当たり10万円（7.5万円）加算

3　人材育成コース

　訓練の対象となる社員に対し、正規雇用労働者等に転換、または処遇を改善することを目指して実施するもので、助成金の対象となる訓練と各支給額は以下の通りです。

① 一般職業訓練（Off-JT）（④　の育児休業中訓練を含む）
② 有期実習型訓練[1]（「ジョブカード」を活用したOff-JTとOJTを組み合わせた3~6ヵ月の職業訓練）
③ 中長期的キャリア形成訓練[2]（Off-JT　厚生労働大臣が専門的・実践的な教育訓練として指定した講座）
　(a) 業務独占資格（看護師、美容師、建築士、航空整備士など）・名称独占資格（保健師、栄養士、保育士など）の取得を訓練目標とする養成施設の課程（訓練期間は1年以上3年以内）
　(b) 専門学校の職業実践専門課程（訓練期間は2年）

---

1) 正社員経験が少ない非正規雇用の労働者を対象に、正規雇用労働者等への転換を目指すもので、管轄労働局長が訓練基準に適合する旨の確認を行った職業訓練であることを言います。
2) 中長期的なキャリア形成に資する専門的かつ実践的な教育訓練として厚生労働大臣が指定する専門実践教育訓練であり、受験率、合格率、就職・在職率などの指定基準を満たすものを言います。

(c) 専門職大学院（訓練期間は 2 年または 3 年以内）
④ 育児休業中訓練（Off-JT）

(1) Off-JT と OJT

　Off-JT とは、生産ラインまたは就労の場における通常の生産活動と区別して業務の遂行の過程外で行われる（事業内または事業外の）職業訓練のことです。また、OJT とは、適格な指導者の指導の下、事業主が行う業務の過程における実務を通じた実践的な技能およびこれに関する知識の習得に係る職業訓練のことです。

(2) Off-JT 分の支給額（カッコ内は大企業の場合）

- 賃金助成として 1 人 1 時間当たり 800 円（500 円）[3]
- 経費助成として 1 人当たり Off-JT の訓練時間数に応じた下表の額 [4]

訓練時間	一般・有期実習型・育児休業中訓練	中長期的キャリア形成訓練	有期実習型訓練後に正規雇用等に転換された場合
100 時間未満	10 万円（7 万円）	15 万円（10 万円）	15 万円（10 万円）
100 時間以上 200 時間未満	20 万円（15 万円）	30 万円（20 万円）	30 万円（20 万円）
200 時間以上	30 万円（20 万円）	50 万円（30 万円）	50 万円（30 万円）

　ただし、事業主が負担した実費が上限額を下回る場合は実費を限度とします。

---

3) 1 人当たりの助成時間数は 1,200 時間程度を限度としています。
4) 育児休業中訓練は経費助成のみを支給します。

(3) OJTの支給額

- 実施助成として1人1時間当たり800円（700円）[5]

ただし、1年度1事業所当たりの支給限度額は500万円とします。

同一事業主に対して助成対象となる有期実習型訓練および中長期的キャリア形成訓練は、同一労働者に対して1回のみです。同一の対象労働者に対して、同一の年度に一般職業訓練、有期実習型訓練、中長期的キャリア形成訓練の実施および育児休業中訓練を支援することはできません。

4 処遇改善コース

助成の対象となる取組と支給額は以下の通りです（カッコ内は大企業の場合、＜＞内は、生産性要件[6]を満たしている場合）。

(1) すべてまたは雇用形態別や職種別など一部の有期契約労働者等の基本給の賃金テーブル等を2％以上増額改定し、昇給した場合

① すべての有期契約労働者等の賃金規定等を増額改定した場合

対象労働者数が

1～3人：10万円（7.5万円）、4～6人：20万円（15万円）

7～10人：30万円（20万円）、11～100人：1人当たり3万円（2万円）

さらに、中小企業に対する加算措置が創設され、基本給の賃金テーブル等を3％以上増額改定し、昇給した場合には、1人当たり14,250円＜18,000円＞が加算されます。

---

[5] 1人当たりの助成時間数は680時間程度を限度としています。
[6] 「生産性要件」とは、助成金の支給申請等を行う直近の会計年度における「生産性」が、その3年前に比べて6％以上伸びていることであり、「生産性」は次の計算式によって計算します。

$$生産性 = \frac{営業利益 + 人件費 + 減価償却費 + 動産・不動産賃貸料 + 租税公課}{雇用保険被保険者数}$$

② 一部の賃金規定等を増額改定した場合
   対象労働者数が
   1～3人：5万円(3.5万円)、4～6人：10万円(7.5万円)
   7～10人：15万円(10万円)、11～100人：1人当たり1.5万円(1万円)
   さらに、中小企業に対する加算措置が創設され、基本給の賃金テーブル等を3％以上増額改定し、昇給した場合には、1人当たり7,600円＜9,600円＞が加算されます。

また、上記①②において、職業評価の手法の活用により処遇改善を実施した場合1事業所当たり20万円（15万円）が加算されます。

申請の上限は、1年度1事業所100人まで、申請回数は1年度1回のみとなります。

(2) 共通処遇推進制度

① 健康診断制度

有期契約労働者等を対象とする「法定外の健康診断制度」を新たに規定し、延べ4人以上実施した場合に、1事業所当たり40万円（30万円）を助成

② 賃金規定等共通化

労働契約または就業規則の定めるところにより、その雇用する有期契約労働者等に関して、正規雇用労働者と共通の職務等に応じた賃金規定等を新たに作成し、適用した場合に、1事業所当たり60万円（45万円）を助成

(3) 短時間労働者の労働時間延長

① 労働者の週所定労働時間を、5時間以上に延長し、新たに社会保険を適用した場合に、1人当たり20万円（15万円）を助成

② ①の賃金規定等改定とあわせて、適用拡大に伴い新たに社会保険を適用した社員の手取り収入が減少しないように週所定労働時間を延長した

場合は、以下の延長時間（基本給の昇給率）に応じて助成[7]

1時間以上2時間未満（13％以上）：1人当たり4万円（3万円）

2時間以上3時間未満（8％以上）：1人当たり8万円（6万円）

3時間以上4時間未満（3％以上）：1人当たり12万円（9万円）

4時間以上5時間未満（2％以上）：1人当たり16万円（12万円）

①については、平成32年3月31日までの間、支給額を増額（増額後の額を記載）

②については、平成32年3月31日までの暫定措置

また、2016（平成28）年10月の短時間労働者に対する社会保険適用拡大に伴い、適用拡大対象企業（特定適用事業所[8]）については、2016（平成28）年10月1日付の契約（適用）まで、短時間労働者の週所定労働時間を25時間未満から30時間以上に延長し、新たに社会保険に適用した場合には、1人当たり20万円（15万円）の助成を受けることができます。

助成金情報は、2017（平成29）年2月現在です。助成金制度については変更になることがあります。その他、キャリアアップ助成金の申請等の詳細につきましては、以下の厚生労働省のHPをご参照ください。

http://www.mhlw.go.jp/file/06-Seisakujouhou-11650000-Shokugyouanteikyokuhakenyukiroudoutaisakubu/0000147603.pdf

---

[7] 上記①②合わせて、1年度1事業所当たり15人まで（平成32年3月31日までの間、上限人数を緩和）としています。

[8] 1週間の所定労働時間および1ヵ月の所定労働日数が正社員の4分の3以上である社員数（厚生年金保険の被保険者数）が、1年で6ヵ月以上501人以上になることが見込まれる事業所（法人であれば法人番号が同じ事業所）のことを言います。

【参考文献】
〈参考書籍〉
安西愈（2013）『トップ・ミドルのための採用から退職までの法律知識（十四訂版）』中央経済社
『労政時報』（2016）第3903号、労務行政

〈参考ウェブサイト〉
厚生労働省　多様な人材活用で輝く企業応援サイト
　　http://tayou-jinkatsu.mhlw.go.jp/
厚生労働省　女性活躍推進法特集ページ
　　http://www.mhlw.go.jp/stf/seisakunitsuite/bunya/0000091025.html
厚生労働省　有期契約労働者の無期転換ポータルサイト
　　http://muki.mhlw.go.jp/
内閣府　男女共同参画局
　　http://www.gender.go.jp/

〈参考パンフレット等〉
厚生労働省（2012）「労働契約法改正のあらまし」
厚生労働省（2014）「勤務地などを限定した「多様な正社員」の円滑な導入・運用のために（事例集）」
厚生労働省「勤務地などを限定した「多様な正社員」の円滑な導入・運用に向けて」
厚生労働省「パートタイム労働法のあらまし」
厚生労働省「育児・介護休業法のあらまし」
厚生労働省「仕事と介護の両立モデル」
厚生労働省「一般事業主行動計画を策定しましょう」
厚生労働省「高年齢者等の雇用の安定等に関する法律の一部を改正する法律の概要」

厚生労働省「短時間正社員制度導入支援マニュアル」
厚生労働省「無期転換の準備、進めていますか？」
厚生労働省「キャリアアップ助成金のご案内」
日本年金機構「短時間労働者に対する健康保険・厚生年金保険の適用拡大Ｑ＆Ａ集」

〈参考統計・調査等〉
厚生労働省（2011）「「多様な形態」による正社員に関する研究会　アンケート調査」
厚生労働省（2012）「「多様な形態による正社員」に関する研究会報告書」
厚生労働省（2014）「「多様な正社員」の普及・拡大のための有識者懇談会報告書」
厚生労働省「平成26年度介護保険事業状況報告」
厚生労働省（2017）「『非正規雇用』の現状と課題」
総務省統計局「平成24年 就業構造基本調査」
総務省統計局（2016、2017）「労働力調査」
内閣府『平成28年版 高齢社会白書』
内閣府男女共同参画局『男女共同参画白書 平成25年版』
三菱ＵＦＪリサーチ＆コンサルティング株式会社「仕事と介護の両立に関する労働者アンケート調査（平成24年度厚生労働省委託調査）」

〔編者紹介〕

みらいコンサルティンググループ

1987年監査法人の直系会社として設立。2007年に監査法人から独立。

設立以来、中堅・中小企業への支援をメインとした「総合・実行支援型コンサルティングファーム」として、会計・税務、経営改善・成長戦略、IPO、企業再生、国際税務、企業再編、M＆A、人事労務コンサルティングサービスなど多様なコンサルティング業務に取り組む。

経営課題を抱えるお客さまと中長期的な関わりを持ち、企業全体の視点に立ち、自ら「実行支援」までを行って解決に貢献することが大きな特徴。

公認会計士、税理士、社会保険労務士、中小企業診断士、司法書士などの有資格者を中心に金融機関、事業会社出身者を含め各分野のプロフェッショナル数は200名。

【グループ概要】

代表者	久保 光雄	
設　立	1987年4月6日	
社員数	200名（2017年3月1日現在）	
【公認会計士】	15名	
【会計士補】	1名	
【税理士】	35名	
【社会保険労務士】	27名〈うち 特定社会保険労務士10名〉	
【中小企業診断士】	4名	
【司法書士】	1名	
グループ本社所在地	〒100-6004 東京都千代田区霞が関3-2-5 霞が関ビル4階　TEL：03-3519-3970（代）　FAX：03-3519-3971	
国内拠点	札幌支社・仙台事務所・新潟支社・名古屋支社・大阪支社・岡山事務所・広島事務所・福岡支社	
海外拠点	北京・上海・深圳・マレーシア・シンガポール	

【グループ会社一覧】
- みらいコンサルティング株式会社
- 税理士法人みらいコンサルティング
- 社会保険労務士法人みらいコンサルティング
- MCA監査法人
- みらいコンサルティング司法書士事務所
- 唯来亜可亜企業管理咨詢（上海）有限公司
- 唯来企業管理咨詢（北京）有限公司
- 唯来企業管理咨詢（深圳）有限公司
- MIRAI CONSULTING MALAYSIA SDN.BHD.
- Reanda MC 国際公認会計士共同事務所
- 株式会社みらいアウトソーシングSR
- 一般財団法人ASEAN・東アジアビジネス支援機構

【執筆者一覧】（50音順）

阿部俊彦（特定社会保険労務士）

安藤幾郎（特定社会保険労務士）

岡田烈司（特定社会保険労務士）

佐々木寛奈（社会保険労務士）

武石綾子（人事コンサルタント）

富岡智之（人事コンサルタント）

野沢大輔（人事コンサルタント）

芳賀満（社会保険労務士）

三島浩（社会保険労務士）

山﨑有紀（社会保険労務士）